Pierre-Noël Giraud
Timothée Ollivier

Économie des matières premières

La Découverte
9 *bis*, rue Abel-Hovelacque
75013 Paris

Remerciements. Ce livre doit tout à André Giraud (1925-1997), à la mémoire de qui je le dédie. André Giraud fonda en 1982 le Centre de géopolitique de l'énergie et des matières premières (CGEMP) à l'université Paris Dauphine et m'invita à y donner un cours d'économie des matières premières, tandis qu'il assurait celui de géopolitique du pétrole et du gaz. Ce cours, donné depuis lors à Paris Dauphine pratiquement sans interruption et plus récemment à Mines ParisTech, fait la matière de ce livre.

Je remercie mes collègues des débuts du CGEPM à Paris Dauphine, en particulier Jean-Marie Chevalier, Pierre Zaleski, Sadek Boussena, Philippe Chalmin et Yves Simon, ainsi que celles et ceux avec qui j'ai longuement ou plus brièvement débattu des thèses de ce livre : Denis Babusiaux, Ivar Ekeland, Jean-Charles Hourcade, Olivier Godard, Roger Guesnerie, Delphine Lautier, Antonin Pottier, Claude Riveline, Gilles Rotillon, John Tilton et bien d'autres qui me pardonneront de ne pas tous les citer ; enfin, Timothée Ollivier, qui m'a aidé à reconcevoir cet ouvrage et en a assuré la partie agricole. Merci surtout à tous les ingénieurs, les géologues, les agronomes, eux bien trop nombreux pour être cités, qui m'ont tout appris de l'économie des matières premières. Je voudrais cependant évoquer ici, parmi eux et aux côtés de celle d'André Giraud, la mémoire de Claude Guillemin (1923-1994) et citer le nom de mon ami Georges Bigotte qui a découvert avec ses équipes les gisements d'uranium du Niger, entre autres, et qui me fut toujours d'un conseil précieux. Merci à Dominique Charbit et Isabelle Tanguy d'avoir dompté avec efficacité et gentillesse de nombreuses promotions d'étudiant(e)s à Paris Dauphine, et à Sésaria Ferreira d'avoir fait de même aux « Mines ». Merci aux étudiant(e)s pour nos passionnantes heures de discussion et à tous mes doctorant(e)s dans le vaste domaine du capital naturel et des matières premières, avec qui j'en ai découvert la théorie économique et la politique. Merci enfin aux cadres dirigeants de l'Office chérifien des phosphates (OCP), Samia Charadi, Mohamed Soual, Marouane Ameziane, et à son président Mostapha Terrab pour nos longs et intéressants échanges sur l'agriculture, la révolution (doublement) verte en Afrique, l'industrie et les marchés des engrais.

La rédaction de ce livre a bénéficié du soutien financier du CGEMP, de la chaire EDF-CACIB-Dauphine « Finance et développement durable » et de la chaire OCP-Mines ParisTech « Économie, finance et gestion des commodités ».

Naturellement, les thèses ici soutenues n'engagent que leurs auteurs.

Pierre-Noël Giraud

ISBN : 978-2-7071-8809-0

À la mémoire d'André Giraud.

Introduction / Des ressources naturelles aux besoins humains

Définitions

Toute l'activité productive des sociétés humaines est alimentée par des ressources naturelles et finit par rejeter à la nature des déchets. Les *ressources naturelles* sont : le rayonnement solaire, l'air, l'eau sous toutes ses formes, les sols et la biomasse végétale et animale qu'ils alimentent, enfin les substances minérales et organiques contenues dans le sous-sol, des matériaux de construction au pétrole et au gaz en passant par l'ensemble des minerais métalliques et non métalliques. Le *capital naturel* est constitué de cette partie des ressources qui a été découverte, évaluée économiquement, et dont l'exploitation est rentable aux conditions économiques et techniques actuelles. Le capital naturel est donc déjà produit, à partir des ressources naturelles. La cueillette, la chasse, la pêche, l'agriculture, la sylviculture, l'élevage, l'extraction minière et le captage des eaux, du vent, du rayonnement solaire sont les activités productives dites « primaires » qui, des ressources naturelles, tirent de la matière ou directement de l'énergie.

Comme l'indique son nom, une *matière première* est, en toute rigueur, la « première » forme sous laquelle se présente le résultat de l'application de l'activité productive humaine à une ressource naturelle. Mais, en pratique, on appelle matière première la première forme sous laquelle un produit issu de l'exploitation d'une ressource naturelle peut voyager pour entrer dans sa phase suivante de transformation. Ainsi, pour le cuivre, ce n'est pas le minerai brut, ou tout-venant, contenant entre 0,5 % et 5-6 % de cuivre, mais un concentré de 25 % à 35 % de cuivre qui est la matière première. La concentration du minerai est en effet toujours effectuée sur le carreau de la mine. Elle est indissociable de l'extraction, car il serait inutilement coûteux de transporter le tout-venant. De même, on raffine la canne et la betterave à sucre sur les lieux de production ; c'est le sucre qui voyage.

Parmi les matières premières ainsi définies, certaines sont utilisées très près de leur lieu de production, car leurs ressources sont abondantes, bien réparties géographiquement, et leur valeur à la tonne ne justifie pas de transport lointain. Tel est le cas de l'eau et de la plupart des matériaux de construction, dont les volumes de production l'emportent de très loin sur toutes les autres matières premières. D'autres font l'objet d'un commerce international, soit sous leur forme initiale, soit sous une forme transformée. Ainsi, le pétrole voyage sous forme de pétrole brut, mais aussi de produits raffinés (essences, fiouls) ; le cuivre, sous forme de minerais concentrés, mais aussi de lingots de blister (métal à 99 % de cuivre) ou de métal raffiné (de pureté encore supérieure) ; le soja, sous forme de graines, mais aussi d'huile ou de tourteaux (les deux produits de la trituration des graines).

Dans la charte de La Havane, signée en 1948 dans le cadre de l'ONU et inspiratrice des accords du GATT (signés dès 1947), qui organisèrent le commerce mondial jusqu'à la création de l'OMC (1995), on nommait « produit de base » (*primary commodity*) « tout produit de l'agriculture, des forêts et de la pêche et tout minéral, que ce produit soit sous sa forme naturelle ou qu'il ait subi la transformation qu'exige communément la vente en quantités importantes sur le marché international ». Cette définition est cependant assez vague : où s'arrête en effet, dans les filières de transformations successives de la matière, la notion de produit de base et où commence celle de produit manufacturé ? Plutôt que de rechercher une classification de nature technique, portant sur le degré d'élaboration du produit, mieux vaut s'intéresser à la nature de la relation qui s'établit, à l'occasion d'un échange de marchandises, entre un fournisseur et un client. Cela nous permettra d'introduire la notion de « commodité ».

Schématiquement, il existe une catégorie de marchandises pour laquelle le directeur des achats d'une entreprise parisienne va demander, par courriel ou simple appel téléphonique, à un individu dont le bureau est à New York : « Je veux 10 000 tonnes, livrables à Rotterdam, quai B, entrepôt Z, à raison de 1 000 tonnes, livrées chaque mois entre le 2 et le 4, de juin 2014 à mars 2015. Quel est votre prix ? » Généralement, il lui sera répondu : « LME + 10 » ; soit la référence à un cours de Bourse acceptée d'un commun accord (ici, le LME — *London Metal Exchange*) plus une marge (+ 10). Notre directeur des achats pose la question à trois ou quatre autres personnes (producteurs, courtiers, négociants, en Europe ou ailleurs), puis conclut l'affaire avec celui dont l'offre lui paraît la meilleure. Le tout aura duré quelques minutes, la seule information échangée est un prix, et la décision de l'acheteur ne dépend que de ce prix.

À l'autre extrême, il y a des marchandises pour lesquelles les ingénieurs du producteur passent une bonne partie de leur temps chez les clients pour examiner avec eux les problèmes de mise en œuvre, discuter des améliorations à apporter au produit, voire des cas où fournisseurs et clients développent des recherches en commun. Il peut s'agir cependant de produits peu élaborés et faisant l'objet d'un commerce international, qui pourraient donc être qualifiés de « produits de base » : minerais complexes, produits végétaux ou animaux dont on cherche à améliorer les qualités organoleptiques, alliages métalliques spéciaux, tôles, fils ou tubes de caractéristiques précises.

Dans le premier cas, nous proposons de parler de « commodité ». L'anglicisme n'est qu'apparent puisque *commodity* est d'origine latine et que, dans le français du XVIIe siècle, le terme désignait couramment un bien matériel (« Je suis un mortel qui ne possède que ces filets, et quelques petites commodités... », fait dire La Fontaine au personnage de la fable « Les amours de Psyché et Cupidon », 1669). Une *commodité* est une marchandise dont les producteurs s'adressent à un marché mondial où la concurrence porte uniquement sur le prix. Une commodité est donc nécessairement un produit standardisé. Les spécificités liées à son origine naturelle (le gisement particulier, la région agricole dont il provient) se sont effacées, le rendant exactement identique à des produits d'origine différente. La relation fournisseur-client est avant tout commerciale, et les fournisseurs sont très facilement substituables. Dans le second cas, on parlera de *spécialités* ou de produits différenciés et évolutifs : les relations entre fournisseurs et clients ont un contenu technique et sont plus stables, même si le critère de prix conserve évidemment son importance.

La plupart des grands produits de base sont des commodités. Même lorsqu'ils conservent la marque de leur origine naturelle — les pétroles bruts, par exemple —, les écarts de prix liés à des qualités différentes sont déterminés par les marchés au même titre que le prix de la qualité standard de référence. Pour prendre le cas du pétrole, le brut de référence par rapport auquel les autres sont cotés fut longtemps l'« arabe léger », produit en Arabie saoudite ; c'est désormais le *brent*, un mélange de mer du Nord, ou le *West Texas Intermediate*. Mais tous les produits de base ne sont pas des commodités : ainsi les minerais polymétalliques complexes qui ne peuvent être traités que dans quelques usines, ou de très nombreuses variétés de thé.

Réciproquement, des marchandises plus élaborées que les produits de base au sens traditionnel sont de plus en plus nombreuses à devenir des commodités et à remplacer au moins partiellement des produits bruts dans le commerce international : l'acide phosphorique et les engrais chimiques (au lieu du phosphate rocheux brut), les produits sidérurgiques bas de gamme tels que les ronds à béton, les rails et même certains tubes, la pâte à papier et le papier journal, beaucoup de composants électroniques standardisés et produits en masse... Certains services sont aussi des commodités : le fret maritime sur les grandes lignes, le transport en masse de données numérisées, l'électricité, du moins au niveau des marchés de gros. Les marchés mondiaux de tous ces biens et services se comportent comme ceux des grands produits de base. Le concept le plus pertinent pour l'analyse économique est donc bien celui de commodité.

Le cycle productif : des ressources aux besoins finaux

Le cycle productif peut être décrit techniquement par un ensemble de filières qui vont des ressources naturelles à la satisfaction de besoins humains et rejettent dans la nature les déchets qui ne sont pas recyclés. À l'origine de ces filières, même celles dont les services finaux semblent *a priori* les plus immatériels, se trouvent toujours des ressources naturelles. Viennent ensuite les activités « primaires » de production, d'extraction et de première transformation lorsqu'elle est effectuée sur le lieu même de production : ce sont, on l'a dit, l'agriculture, l'élevage, la sylviculture (qui est pour une large part une culture, mais parfois encore l'exploitation de la forêt primaire, en particulier dans les zones tropicales), l'extraction des minerais solides et des matériaux de carrière, l'extraction des hydrocarbures. Ces activités produisent les matières premières. Rares sont celles qui sont utilisées telles quelles pour la satisfaction de besoins finaux : il s'agit avant tout de ceux des produits agricoles qui sont vendus simplement conditionnés sur les marchés.

Les autres entrent dans un processus de transformation qui comprend plusieurs étapes. Pour les matières premières dont l'usage final sera alimentaire, c'est l'industrie agroalimentaire qui, surtout dans les pays industrialisés, s'introduit de façon croissante entre la production de matières premières et la consommation d'aliments. Pour les matières premières minérales, l'étape succédant à l'extraction et à la concentration est l'industrie chimique et métallurgique, qui transforme chimiquement les matières premières (ce qui réclame en général beaucoup d'énergie) pour en faire des produits standardisés : produits chimiques raffinés ou matériaux. Ceux-ci sont des intrants de l'industrie manufacturière, du bâtiment et des travaux publics, mais aussi de l'agriculture et de l'élevage (engrais, produits phytosanitaires). Quant aux matières premières énergétiques, elles subissent des transformations qui ne sont que des conversions des énergies dites primaires (pétrole, charbon, gaz, uranium, biomasse, eau en mouvement, vent, rayonnement solaire) en énergies dites finales (combustibles, carburants, électricité). Au terme des filières, les besoins finaux sont satisfaits par quelques grandes catégories de produits très diversifiés : aliments, énergies finales, produits manufacturés, bâtiments et infrastructures.

La représentation du cycle productif en termes de grandes filières techniques allant des ressources aux besoins permet une classification empirique des matières premières qui croise origine et destination. Parmi les produits de l'agriculture, on peut ainsi distinguer : les boissons tropicales (thé, café, cacao), à usage alimentaire ; les fruits et légumes, à usage alimentaire ; l'ensemble sucre, céréales, oléoprotéagineux, dont les usages se partagent entre l'alimentation humaine, les intrants de l'élevage et, dans des volumes moindres, l'industrie chimique (sucrochimie, amidonnerie, lipochimie) ; les cotons et autres fibres végétales naturelles, dont les usages sont industriels (notamment pour le textile). Au sein des produits de l'élevage, on distinguera : les viandes et les produits laitiers, à usage alimentaire ; les cuirs et peaux et la laine, à usage industriel. Les produits de la sylviculture sont pour l'essentiel : le bois, à usage industriel (pâte à papier et mobilier), pour la construction (bois d'œuvre) et à usage énergétique, et le caoutchouc, à usage industriel (le caoutchouc naturel étant en compétition avec le caoutchouc de synthèse issu de la pétrochimie). Les produits de la pêche, de la chasse, de la cueillette sont utilisés à la fois comme aliments humains et comme intrants de l'élevage (farines de poisson). Les produits miniers et de carrière se classent en trois grandes catégories : les matériaux de construction, destinés au BTP ; les produits miniers, qui passent pratiquement tous par l'industrie chimique et métallurgique, ou, s'ils sont énergétiques (charbon, uranium), entrent dans le système de conversion d'énergie ; et les hydrocarbures, qui se distinguent des précédents essentiellement parce que, étant liquides ou gazeux, les méthodes d'extraction et de transport diffèrent.

À cette description du processus productif en termes de filières techniques, on peut superposer une vision plus économique, en termes de secteurs présentant des caractéristiques différentes. En effet, dans la première phase, en amont, le processus productif se caractérise par la réduction progressive des importantes différences naturelles d'origine et aboutit à ces produits standardisés, en nombre restreint, que nous avons appelé commodités. C'est cette phase que l'on qualifiera de secteur primaire (au sens économique, ce qui ne recouvre pas nécessairement exactement les nomenclatures des comptabilités nationales). En aval commencent les secteurs secondaire et tertiaire, qui sont au contraire caractérisés par une multiplication et une différenciation croissantes des produits, et donc par des formes de concurrence plus complexes que la simple compétition par les prix qui définit les commodités. Le rejet ou le recyclage des déchets complète le cycle productif. Les déchets sont en effet soit rejetés dans la nature — ils entrent alors dans les cycles des écosystèmes, au risque de les perturber —, soit récupérés et recyclés.

Caractéristiques et enjeux du secteur primaire

Ce livre est consacré à l'analyse économique du secteur primaire et du fonctionnement des marchés de matières premières. Dans quelle mesure est-il justifié de parler en termes généraux de cet amont du cycle productif, dont nous venons de décrire empiriquement la grande diversité ?

Les raisons en sont quelques caractéristiques propres du secteur primaire :

— il exploite des ressources naturelles, dont soit le volume (les gisements), soit la productivité (le cycle des eaux), soit les deux (les sols agricoles) sont *a priori* finis ; beaucoup d'entre elles sont même fragiles, au sens où une surexploitation ou une décharge excessive de déchets peuvent les dégrader, voire les détruire ;

— ces ressources naturelles sont de qualité très variable selon les régions du monde, autrement dit sont inégalement riches et inégalement réparties ;

— ce secteur est en amont du reste du système productif, qui ne peut donc fonctionner sans lui ;

— la plupart de ces produits sont des commodités, marchandises standardisées faisant l'objet d'une concurrence mondiale qui s'exerce uniquement par les prix.

De ces caractéristiques découlent certains enjeux, d'ordre économique et politique, communs aux activités qui constituent le secteur primaire et à leurs produits :

— la croissance de la population et de la production, exponentielle jusqu'à présent, mise en regard du caractère fini et fragile des ressources, conduit périodiquement à de vives polémiques sur l'urgence et les moyens d'une nécessaire « conservation » des ressources naturelles ;

— de l'inégale répartition des ressources naturelles, il résulte d'abord que les matières premières ont toujours beaucoup voyagé et qu'elles firent partie du commerce lointain dès l'Antiquité ;

— de plus, au sein même de l'ensemble des régions productrices subsistent toujours des différences de coûts, liées aux différences de qualité de la ressource naturelle (le coût d'extraction du pétrole est, par exemple, de l'ordre de 20 dollars le baril en Arabie saoudite, mais de plus de 70-80 dollars en mer profonde au large du Brésil). Quand elles sont importantes, ces différences de coûts de production, que l'économiste, on le verra, qualifie de « rentes différentielles », sont toujours l'objet d'un conflit entre producteurs et États. Les États, qui ont tous affirmé leur souveraineté sur les ressources naturelles présentes sur leur territoire, estiment que les rentes doivent, à travers eux, revenir à la collectivité nationale. Les producteurs, qu'il s'agisse de paysans ou de firmes minières ou pétrolières, revendiquent les rentes comme fruit de leur travail et rémunération des risques qu'ils ont pris dans la découverte ou la mise en valeur des ressources naturelles. Dans l'industrie pétrolière et minière, parfois aussi dans l'industrie agroalimentaire, les profits issus des rentes peuvent, quand ils ne sont pas captés par les États, l'emporter de loin sur tous les autres. Cela a d'importantes conséquences sur les stratégies des firmes et les formes d'organisation et de concurrence dans ces industries, et ce d'autant plus que les firmes ne peuvent pas se différencier par la qualité de leurs produits, puisqu'il s'agit de commodités ;

— le fait que les matières premières ne puissent être produites n'importe où mais qu'en même temps elles se situent en amont de tout le processus productif soulève pour les États des problèmes de sécurité d'approvisionnement et peut créer des situations de dépendance économique et politique. Les États sont fréquemment tentés d'y faire face en protégeant la production nationale ;

— dans le cas des produits agricoles, l'acuité de ce genre de question est redoublée par le statut toujours particulier des paysans dans les États modernes. Qu'ils soient surexploités ou protégés, qu'ils constituent la grande masse de la population ou une minorité, ils sont rarement livrés au libre jeu des forces du marché ;

— le secteur primaire est donc l'un de ceux où l'intervention des États fut et reste forte : soit pour s'approprier les rentes, soit pour protéger la production nationale au nom de la nécessité de l'autosuffisance, soit pour pratiquer une diplomatie des ressources et assurer la sécurité des approvisionnements extérieurs ;

— enfin, que la plupart des matières premières soient des commodités et qu'elles soient en amont du processus productif (ce qui entraîne que la demande est peu sensible aux prix, au moins dans le court terme) provoquent généralement d'amples fluctuations des prix. Mais cela favorise aussi, dans certaines conditions, la pratique de prix de monopoles. Compte tenu des interdépendances fortes qu'entraîne le commerce international des matières premières, l'évolution de leur prix cristallise donc en permanence des conflits économiques. En période de cours bas, les exportateurs s'estiment lésés. En période de cours haut, les importateurs dénoncent des profits indus, liés à leurs yeux à un véritable chantage à la pénurie.

Ce livre traite des principaux de ces enjeux.

Le chapitre I est historique et géographique. Il replace dans une perspective historique longue les niveaux actuels de consommation et la structure des échanges internationaux de commodités.

Le chapitre II traite de la « rareté » des ressources naturelles, de sa conceptualisation et de ses conséquences économiques. On n'entrera pas dans le détail de la théorie néoclassique de l'« exploitation optimale des ressources naturelles », très bien présentée dans l'ouvrage de Rotillon [2010]*. On en rappellera cependant les principaux résultats pour discuter leurs effets sur la formation et l'évolution de long terme des prix des commodités.

Le chapitre III se penche sur la formation des prix de marché des commodités, en particulier sur les raisons de leur instabilité et de leur cyclicité en situation compétitive.

Le chapitre IV évoque les marchés dérivés de commodités et les controverses autour du rôle sur l'instabilité des prix de la spéculation, que ces marchés non seulement autorisent, mais encouragent.

Le chapitre V analyse les inconvénients de l'instabilité des prix et les tentatives passées et actuelles pour la maîtriser.

Le chapitre VI porte sur certaines questions actuellement controversées d'économie politique des ressources naturelles et des matières premières. Nous proposons une hiérarchisation des enjeux de développement durable qui les concernent et une analyse de leur rôle dans le développement économique et la réduction de la pauvreté.

---

* Les références entre crochets renvoient à la bibliographie en fin d'ouvrage.

I / Les matières premières dans le monde d'hier et d'aujourd'hui

Consommations et échanges avant la Seconde Guerre mondiale

Avant la première révolution industrielle

Avant la première révolution industrielle, les énergies proviennent de la force animale et humaine, du bois et, secondairement, des rivières et du vent. Les matériaux structurels de base sont la pierre et le bois. Bien que la métallurgie du fer et des métaux non ferreux soit maîtrisée depuis l'Antiquité, les métaux restent rares et réservés aux usages nobles : les armes, quelques outils. Ainsi, l'Europe produisait 100 000 tonnes de fer en 1540, 180 000 tonnes en 1700 (150 millions de tonnes en 2013) [Braudel, 1979, p. 335]. Les régimes alimentaires sont fondés sur les grandes céréales de civilisation : riz dans l'Asie des moussons, blé en Europe, en Amérique du Nord, au Proche-Orient et dans le Nord du sous-continent indien, maïs en Amérique. Élevage, chasse et pêche apportent un complément en protéines très limité.

L'autarcie, non seulement des nations, mais d'entités plus réduites (provinces, voire villages), est la règle générale. On produit là où l'on consomme, ou très près. En 1765 encore, il faut douze jours pour aller de Paris à Marseille. Seuls voyagent à l'intérieur des continents le sel, certaines protéines (le hareng salé aurait à plusieurs reprises sauvé l'Europe de la famine) et naturellement les métaux précieux et des denrées rares et coûteuses, comme les épices, lesquelles font également l'objet d'un commerce lointain.

Le commerce maritime lointain, qui se développe après les grandes découvertes, est dangereux et surtout lent et coûteux. Au XVIe siècle, sur la route des Indes, 15 % des navires se perdent corps et biens, 20 %

à 35 % des marins embarqués meurent au cours des plus longs voyages (trois ans) [Giraud et Boy de La Tour, 1987]. Le prix de revient de la tonne transportée impose ses limites au transport de masse : seuls l'Amérique des îles et le Brésil, plus tard l'Amérique du Nord sont susceptibles de voir se développer l'économie de plantation. Ailleurs, seules sont possibles la collecte ou l'exploitation de produits rares et précieux : épices, or et argent. Avant le XVIIIe siècle, les métaux précieux représentent toujours plus de 80 % des exportations des colonies espagnoles. Les épices sont un produit de luxe, leur commerce procure des profits considérables (au XVIe siècle, un quintal de clous de girofle, acheté 2 ducats aux Moluques, en valait 50 à Calicut, aux Indes, et plus de 200 à Londres [Giraud et Boy de La Tour, 1987, p. 32]).

Les premières plantations de canne se développent dès le début du XVIe siècle à Saint-Domingue. Mais l'économie de plantation ne prendra vraiment son essor qu'au XVIIe siècle, avec la traite négrière. Aux XVIIe et XVIIIe siècles, ses produits se diversifient avec la colonisation de l'Amérique du Nord : tabac, coton, riz, puis blé. Les boissons tropicales commencent également à faire partie des échanges.

En 1800, cependant, le tonnage moyen des navires est encore de 300 tonnes et leur vitesse de 10 nœuds. À cette époque, le monde est relativement homogène : techniques productives et consommations ne sont pas significativement différentes en Europe et dans le reste du monde. La richesse est également répartie entre les continents. Paul Bairoch [1997] estime que, à la fin du XVIIIe siècle, le revenu par habitant dans ce qui deviendra le tiers monde est encore équivalent à celui de l'Europe (200 dollars de 1960 contre 213 dollars par habitant respectivement). On peut supposer que les consommations de matières premières par habitant sont du même ordre de grandeur.

De la première révolution industrielle à la Seconde Guerre mondiale

Une première grande rupture intervient avec la révolution industrielle qui naît en Angleterre au milieu du XVIIIe siècle et se propage en Europe et en Amérique du Nord au cours du XIXe siècle. Fondée sur le fer et le charbon, elle développe à une échelle jusqu'ici inconnue les mines, la métallurgie et l'industrie textile. L'agriculture fait des progrès continus, notamment grâce à l'introduction de nouvelles espèces (pommes de terre, maïs) et aux débuts du machinisme agricole (semoirs, moissonneuses). Mais elle reste traditionnelle dans ses traits fondamentaux : polyculture, articulation élevage-culture (mais introduction des prairies artificielles), fumure organique, traction animale. Quant aux rations alimentaires de la grande masse des populations, elles ne se modifient pas significativement et restent fondées sur les céréales et les tubercules. La consommation mondiale annuelle de charbon passe de 20 millions de tonnes en 1800 à 210 millions en 1870 puis à 768 millions en 1900 et 1 340 millions en 1913. En 1913, le charbon représente plus de 90 % de la consommation mondiale d'énergie primaire (hors bois). La consommation mondiale d'acier, estimée à 2 millions de tonnes autour de 1800, est de 77 millions en 1913 (et de 1 600 millions en 2013).

Les historiens des techniques qualifient souvent de seconde révolution industrielle celle qui se développe à partir du début du XXe siècle. Elle se caractérise par le développement du pétrole et du moteur à explosion, de l'électricité et de la chimie. La gamme des biens de consommation manufacturés s'élargit, en particulier avec l'automobile. L'aluminium commence une brillante carrière et la consommation des métaux non ferreux croît et se diversifie. L'utilisation d'engrais chimiques se répand.

Comme, par ailleurs, le XIXe siècle et le début du XXe siècle connaissent des progrès importants des transports maritimes (le tonnage moyen des navires passe de 300 tonnes autour de 1800 à 4 000 tonnes autour de 1900 et à 9 000 tonnes autour de 1930, la vitesse passe de moins de 10 nœuds à 25), on assiste au premier véritable développement d'un commerce lointain massif de fibres textiles, de céréales, de minerais non ferreux (cuivre, plomb, zinc et étain, mais aussi nitrates du Chili, matières premières des explosifs avant l'invention de Nobel), du charbon et du pétrole. Les premières exploitations minières hors d'Europe qui ne soient pas des mines d'or ou d'argent sont en effet développées dans la dernière moitié du XIXe siècle.

Cependant, avant la Seconde Guerre mondiale, l'économie des transports terrestres et maritimes laisse encore inexploitées de très vastes zones à l'intérieur du tiers monde, quelle que puisse être la richesse de leurs gisements. Les investissements miniers et pétroliers outre-mer restent sélectifs et proches des côtes. Seule la recherche de rentes très importantes par rapport à la production dans les pays industrialisés peut les justifier. Les minerais pondéreux restent essentiellement produits près des lieux de consommation. En 1913, l'Angleterre est encore le second producteur mondial de charbon (après les États-Unis) et toujours le premier exportateur (100 millions de tonnes, essentiellement vers l'Europe continentale, sur un commerce mondial de 193 millions). Les États-Unis produiront plus de la moitié du pétrole mondial jusqu'en 1952 et resteront les premiers exportateurs jusqu'en 1948.

Malgré tout, la spécialisation primaire de la périphérie de l'Europe s'est globalement affirmée pendant cette période, surtout celle des anciennes colonies de peuplement. Car, en Afrique et en Asie, la transformation des systèmes de production antérieurs en industries et agricultures exportatrices de produits de base se heurte à d'importants obstacles internes et subit de nombreux échecs, qui font que la politique coloniale est constamment contestée par une partie des milieux d'affaires, qui en critiquent le coût et mettent en doute ses avantages économiques.

Après-guerre : consommation de masse et souveraineté des nations

L'après-Seconde Guerre mondiale est caractérisée par :

— l'explosion des consommations, liée à la consommation de masse dans les pays industrialisés et à la rapide croissance démographique du tiers monde ;

— une mondialisation des marchés et une vive croissance du commerce international ;

— l'affirmation par les États producteurs, devenus indépendants, de leur souveraineté sur les ressources naturelles ;

— d'importantes évolutions de la structure des industries constituant le secteur primaire.

L'explosion des consommations

Du point de vue de la consommation de matières premières, comme d'ailleurs du point de vue économique d'ensemble, la rupture essentielle n'est pas tant la seconde révolution industrielle que le passage d'une *croissance extensive* du capitalisme (la production industrielle s'élargit en utilisant de plus en plus de main-d'œuvre fournie par l'exode rural, lui-même lié au progrès de l'agriculture, mais les gains de productivité du travail restent modérés) à une *croissance intensive* (fondée sur l'augmentation relative du capital et de forts gains de productivité du travail grâce au taylorisme et aux chaînes de montage). L'augmentation massive de la production de biens manufacturés ainsi rendue possible ne pouvait se contenter des débouchés offerts par la bourgeoisie : les classes moyennes puis les classes populaires elles-mêmes devaient avoir accès à ces biens, sous peine de crises récurrentes de surproduction.

On a qualifié de « fordiste » ce mode de croissance combinant une production de masse de biens de consommation et un partage des gains de productivité entre capital et travail, tel qu'il assurait en permanence le soutien de la demande finale. Il apparaît dès les années 1920 aux États-Unis, mais c'est surtout après la Seconde Guerre mondiale que ce mode de croissance va se déployer. C'est lui qui explique la croissance économique exceptionnelle, tant en rythme qu'en régularité, de l'Amérique du Nord, de l'Europe et du Japon durant ce que Jean Fourastié a appelé les trente glorieuses (1945-1975).

Or ce mode de croissance, compte tenu de sa rapidité et de la nature des biens produits (automobile, biens d'équipement des ménages, biens d'équipement industriels, infrastructures, logements), va provoquer une explosion des consommations de matières premières industrielles, et tout particulièrement des combustibles et des métaux. Dans le domaine de l'énergie, le charbon va céder le pas au pétrole. L'ère du pétrole commence en Pennsylvanie en 1859, mais la consommation mondiale (essentiellement sous forme de pétrole lampant et de lubrifiants) n'est que de 21 millions de tonnes en 1900. Elle croît ensuite régulièrement, avec le développement de l'automobile et le passage des flottes de navires au mazout, pour atteindre 170 millions en 1929 et 424 millions en 1950. Ensuite, elle s'envole vers un sommet de 3 124 millions de tonnes en 1979. Entre 1950 et 1979, le taux de croissance annuel moyen dépasse 7 %. En fait, toutes les matières premières minérales connaissent des taux de croissance exceptionnels au regard des tendances passées. Ainsi, l'indice de la production minière non énergétique progresse de 5,2 % par an en moyenne entre 1950 et 1973 (contre 4 % au cours du XIXe siècle et 2 % de 1910 à 1950). Entre 1950 et 1973, certains produits minéraux ont connu des taux de croissance de la consommation nettement plus rapides que la moyenne de l'économie, tels l'aluminium (9,2 %), le nickel (5,9 %) et les engrais phosphatés (7,6 %).

L'élévation des revenus dans les pays industrialisés provoque une autre rupture, dans le domaine agricole cette fois. Ici encore, c'est aux États-Unis et avant guerre que se développe un nouveau modèle alimentaire qui gagnera ensuite l'Europe (et, plus tardivement, le Japon, où il ne s'est pas vraiment imposé). Il se caractérise par l'augmentation massive de la consommation de viandes, de produits laitiers, de fruits et de légumes. Au début des années 1980, la consommation annuelle moyenne d'un États-Unien est la suivante : 60 kg de céréales, 64 kg de sucre et de produits sucrés, 73 kg de fruits et 94 kg de légumes, 148 kg de produits laitiers (beurre exclu) et 113 kg de viande ! Sa ration calorique journalière moyenne est de 3 345 calories, quand la FAO estime à 2 700 calories par jour et à 75 g de protéines (au plus) les besoins physiologiques dans ce pays. On est désormais très loin du modèle à prépondérance de céréales ou de tubercules, qui reste dominant dans le tiers monde. Aux mêmes dates, la ration moyenne en Inde est en effet de 2 050 calories par jour apportées à 67 % par des céréales, et au Mali les chiffres respectifs sont de 1 730 calories et 71 %. Une telle augmentation de la consommation de viandes et de produits laitiers n'a été possible que grâce à une révolution dans l'élevage : bétails et volailles sont désormais nourris par le couple céréales-soja. Ceci provoque un effet de levier considérable sur la production de ces derniers, puisqu'une calorie de viande rouge exige 6 à 7 calories de céréales. Dans les pays riches, la consommation indirecte de céréales est dès lors très supérieure à la consommation directe. Sur le plan mondial, la consommation alimentaire directe de blé ne représente plus que deux tiers de la production.

Explosion de la population du tiers monde (la population mondiale passe de 2,6 à 4 milliards d'habitants entre 1950 et 1975, et l'essentiel de cet accroissement est dû à la population du tiers monde) et frénésie consommatrice dans les pays industrialisés font que, pendant les trente glorieuses, l'humanité a puisé dans les ressources naturelles du globe comme jamais auparavant dans son histoire. D'où les inquiétudes qui s'expriment au début des années 1970, avec la publication du premier rapport du Club de Rome [Meadows *et al.*, 1972], dont nous parlerons plus bas. Cependant, dans les pays riches, ce mode de croissance s'essouffle dès le milieu des années 1970.

La mondialisation des marchés

Tirant les leçons de la crise de 1929, les États-Unis mettent en place en 1944 un système international fondé sur le libre-échange et la stabilité des taux de change (création du GATT et accords de Bretton Woods) qui va progressivement lever les obstacles juridiques et monétaires au développement du commerce mondial.

Le commerce mondial va croître en moyenne deux fois plus vite que la production, manifestant ainsi l'ouverture générale de toutes les économies et leur interdépendance croissante. Cependant, au sein de ce commerce mondial, la part des matières premières, qui était de 58 % en 1955, passe à 39 % en 1985. En dollars constants, le taux de croissance moyen du commerce des produits de base reste cependant de 4,3 % par an entre 1955 et 1985.

La très forte croissance du commerce des produits de base a été possible grâce à la poursuite de spectaculaires progrès dans les transports terrestres par chemin de fer et le transport maritime. Si la vitesse des navires a peu augmenté, leur taille a atteint 350 000 tonnes pour les plus gros vraquiers, qui transportent les minerais et les céréales, et 500 000 tonnes pour les pétroliers. Avec l'automatisation et la réduction des équipages, cela a permis une énorme réduction des taux de fret et donc, pour la première fois, une véritable mondialisation des marchés, y compris des matières premières pondéreuses de plus faible valeur à la tonne, tels les minerais de fer, les charbons, la bauxite ou les phosphates rocheux.

Les pays riches satisfont largement eux-mêmes leurs besoins

Comment a été satisfaite l'exceptionnelle croissance de la consommation des pays industrialisés décrite plus haut ? Il faut sur ce point détruire une idée fausse, bien qu'encore répandue. Durant les trente glorieuses, la croissance des pays riches n'a pas reposé sur une exploitation privilégiée des richesses naturelles du tiers monde, sauf pour le pétrole. De 1950 à 1983, les pays du tiers monde (hors pays socialistes, dont le commerce international est très limité) ont représenté une part stable de la production minière non énergétique mondiale : 35 %. Ainsi, lorsqu'une mine ouvrait dans un pays du tiers monde, deux ouvraient dans les pays industrialisés à économie de marché (cette moyenne recouvrant évidemment des évolutions divergentes par substance). Si « pillage » des ressources il y a eu pour satisfaire la consommation insatiable des pays riches, ceux-ci ont avant tout pillé les ressources de leur propre sous-sol ! Quant aux productions de l'agriculture et de l'élevage, c'est également dans les pays industrialisés qu'elles ont le plus rapidement augmenté, par habitant. Ainsi, entre 1960 et 1980, les taux de croissance de la production alimentaire par habitant ont été de 1,2 % dans les pays de l'OCDE et de 0,3 % dans le tiers monde et ceux de la production agricole totale par habitant de 1,2 % et 0,4 % respectivement. De plus, les pays industrialisés sont devenus largement excédentaires pour les produits alimentaires à la fin des années 1980 (produits tropicaux mis à part).

La situation est différente pour le pétrole. En effet, c'est avant tout sur le Moyen-Orient qu'a reposé la croissance de la production, au point que les États-Unis, exportateurs de pétrole jusqu'en 1948, deviendront dépendants, dangereusement à leurs yeux, du pétrole du Moyen-Orient dès le début des années 1970, ce qui explique qu'ils aient été alors favorables à une augmentation des prix internationaux leur permettant de relancer la production américaine.

L'époque des nations souveraines

Cette époque est aussi celle des indépendances nationales dans le tiers monde et de l'affirmation par les nouveaux États de leur souveraineté sur leurs ressources naturelles. La plupart des colonies accèdent à l'indépendance dans les années 1950 et au début des années 1960. La résolution 1803 (XVII) des Nations unies (décembre 1962) sur la « souveraineté permanente et intégrale sur les richesses et ressources naturelles » leur reconnaît le droit, pour l'exercer, d'aller jusqu'à la nationalisation des compagnies étrangères. De fait, une vague de nationalisations, parfois conflictuelles, mais le plus souvent négociées, fait passer aux mains de sociétés publiques l'essentiel des actifs des compagnies étrangères dans les mines, les puits de pétrole, les grandes plantations et même les terres des petits colons étrangers. Ces nationalisations sont justifiées par la volonté des États de capter les rentes, de maîtriser les rythmes de production et d'exportation, et par le fait que de très nombreux excès avaient incontestablement été commis par les sociétés étrangères. Si l'on ne peut, comme indiqué précédemment, parler de pillage des ressources du « Sud » comme moteur de la croissance du « Nord », il reste vrai que, bien souvent, le mode d'exploitation des ressources ne laissait pratiquement rien dans le pays, voire mettait en danger la production future en gaspillant les réserves ou en épuisant les terres. En ce sens, on peut, localement, parler de pillage.

À partir des indépendances, les États des pays producteurs, avec leurs firmes publiques minières et pétrolières, et leurs offices de collecte et de commercialisation des produits agricoles, deviennent des acteurs indépendants à part entière des marchés mondiaux. Ils sont désormais maîtres de la politique de développement de la production, de celle des prix intérieurs et de l'usage qu'ils font des rentes issues de l'exportation de produits primaires. Le débat sur la dégradation des termes de l'échange, qui succède après les indépendances aux accusations de pillage des ressources, masquera longtemps ce fait nouveau et essentiel de la responsabilité des gouvernements dans leur politique de développement à partir des ressources naturelles et dans l'équilibre ou les déséquilibres des marchés mondiaux.

L'évolution de la structure des industries

Par structure de l'industrie, il faut entendre, en première analyse, le nombre et la nature des acteurs de la production, des échanges et de la consommation, le degré de concurrence qui existe entre eux, leur degré d'intégration verticale et d'internationalisation, les rapports qu'ils entretiennent avec leur amont et leur aval. Très schématiquement, on peut dire que l'après-guerre est marquée, surtout à partir des années 1970, par l'apparition de nouveaux acteurs (les firmes publiques résultant des nationalisations dans le tiers monde), par une désintégration verticale des filières autorisant un rôle accru des négociants internationaux et par l'importance croissante du rôle des États, spécialement dans le domaine agricole.

Ainsi, l'industrie pétrolière hors des États-Unis était, jusque dans les années 1960, organisée et dominée par l'oligopole des « sept sœurs », ou *majors* (cinq américaines : Exxon, Mobil, Chevron, Gulf et Texaco ; une britannique : BP ; une anglo-hollandaise : Shell). Les *majors* étaient des firmes totalement intégrées du puits à la pompe. L'oligopole était donc entièrement maître des prix des produits pétroliers, et il n'existait pas de marché du pétrole brut. La cohésion de l'oligopole a d'abord été entamée par la création de compagnies publiques européennes (Elf, ENI) et l'arrivée des plus gros indépendants américains sur ses chasses gardées. Mais, surtout, la nationalisation progressive des puits après 1973 lui a fait perdre son accès privilégié au brut, au profit des compagnies publiques des pays producteurs, qui ont d'ailleurs très vite cherché à s'intégrer sur le raffinage et même la distribution. En 1973, les sept *majors* contrôlaient encore, dans le monde occidental, 70 % des réserves, 66 % de la production de brut, 49 % du raffinage, 57 % de la distribution. En 1985, ces parts n'étaient, respectivement, plus que de 5 %, 18 %, 32 % et 41 % [Giraud et Boy de La Tour, 1987]. En conséquence apparaît entre ces deux dates un véritable marché du brut et se développe celui des produits raffinés, alors qu'auparavant il s'agissait pour l'essentiel d'échanges captifs entre filiales d'un même groupe ou de groupes alliés.

Le phénomène est certes moins spectaculaire dans l'industrie minière et métallurgique, mais de même nature. De filières contrôlées jusque dans les années 1960 par un petit nombre de firmes occidentales très internationalisées et intégrées de la mine au métal et parfois au-delà, on est progressivement passé à une industrie plus fragmentée. Les gros producteurs miniers sont des compagnies américaines, australiennes, canadiennes et sud-africaines, mais aussi de grandes firmes publiques du tiers monde, tandis que les firmes européennes et japonaises se sont recentrées sur la métallurgie, la chimie et son aval. Des négociants jouent de plus un rôle significatif dans le contrôle de certains flux de minerais.

Dans l'agriculture, les indépendances ont fait disparaître les maisons coloniales et les grandes plantations contrôlées par des multinationales comme United Fruit (bananes) ou Firestone (caoutchouc). Au niveau de la production, le modèle dominant devient le modèle paysan. Ces millions de paysans, dans le Nord comme dans le Sud, sont insérés entre, en amont, les firmes de l'agrofourniture et, en aval, les coopératives de collecte et de commercialisation et les firmes agroalimentaires, qui, en revanche, manifestent une nette tendance à la concentration et à l'internationalisation. Quant au commerce international proprement dit de produits agricoles, il est devenu le domaine privilégié des grands négociants internationaux.

Des chocs pétroliers à l'émergence de l'Asie

Au début des années 1970, la croissance encore rigoureuse des trente glorieuses finissantes donne lieu à un renouveau d'inquiétude sur le caractère épuisable des ressources. Le rapport Meadows, du MIT, s'intitule en anglais *The Limits to Growth*, en français *Halte à la croissance ?* [Meadows *et al.*, 1972]. Il connaît un immense succès. De là date le caractère massif de la prise de conscience écologiste.

Le premier choc pétrolier semble confirmer, pour la commodité minérale la plus importante économiquement, les prédictions du rapport Meadows. Beaucoup interprètent le quadruplement des prix du pétrole fin 1973 comme le signe que son épuisement inévitable est désormais relativement proche.

Dans la foulée du premier choc pétrolier, l'ONU tente de mettre en place un ensemble coordonné d'« accords internationaux de produits » visant à relever et à stabiliser les cours des matières premières, en particulier celles exportées par les pays que l'on qualifie alors de « pays en voie de développement ». Mais ces tentatives échoueront toutes.

Le second choc pétrolier, en 1979-1981, à l'occasion de la révolution en Iran puis de la guerre Iran-Irak, engendre un ralentissement de l'économie mondiale et fait apparaître le « problème de la dette » des pays du tiers monde. Grâce aux cours élevés dans les années 1970 des matières premières qu'ils exportaient, un grand nombre d'États s'étaient excessivement endettés. Ils doivent passer dans les années 1980 sous les fourches Caudines des plans d'ajustement structurel du FMI.

La croissance de la demande mondiale de la plupart des commodités fléchit alors même que les nouvelles capacités de production stimulées par la hausse des prix de la fin des années 1970 arrivent sur le marché. Les prix restent déprimés pendant pratiquement toute la décennie 1980 et le début des années 1990, un fort mouvement de déconcentration industrielle, avec l'arrivée de nouvelles firmes minières et pétrolières, favorisant de plus une compétition acharnée.

Dans la fin des années 1990 et durant les années 2000 commence à se manifester la « faim » de matières premières des 2 milliards d'hommes peuplant les grands pays émergents d'Asie : la Chine et l'Inde. Cela provoque une envolée des prix à partir de 2006, cassée par la violente récession due à la crise financière de 2008, avec une reprise nette en 2010, suivi d'une rechute en 2014. Nous verrons les raisons de ces cycles au chapitre III.

Productions, prix et échanges des matières premières aujourd'hui

Production

En tonnage produit, en 2013, on trouve d'abord le charbon (7,9 milliards de tonnes), puis le pétrole (presque 4 milliards), mais, en valeur énergétique, le pétrole l'emporte encore sur le charbon. Ensuite, les céréales, avec 1,8 milliard de tonnes, et le minerai de fer, avec 1,9 milliard de tonnes (qui, avec 570 millions de tonnes de ferraille recyclée, a permis de produire 1,6 milliard de tonnes d'acier). Les autres minerais et les autres matières premières agricoles ont des volumes de production très inférieurs. Par exemple, pour les métaux non ferreux : aluminium, 47 millions de tonnes ; cuivre, 18 millions ; nickel, 2,5 millions ; et pour les autres commodités agricoles : lait, 465 millions de tonnes ; sucre, 182 millions ; viande de bœuf, 68 millions ; viande de porc, 115 millions ; café, 9 millions ; cacao, 4 millions. En termes de volumes, nous sommes bien toujours dans l'âge du fer, des céréales et des combustibles fossiles (nous donnons ici les chiffres arrondis du rapport *Cyclope* [Chalmin, 2013]).

Prix

En ordre de grandeur, les prix internationaux reflètent les conditions de production, c'est-à-dire les quantités de travail et d'énergie employées pour produire et transporter sur les lieux de consommation. En bas de l'échelle, entre 80 et 150 dollars par tonne, on trouve les minerais extraits d'immenses gisements en surface exploités en carrière et qui peuvent être exportés et utilisés sans concentration préalable. Leur prix international comporte une part significative de coûts de transport terrestre et maritime. Il s'agit du minerai de fer, du charbon, du phosphate rocheux, de la bauxite. Le pétrole est plus cher que le minerai de fer ou de charbon, car même s'il est vendu lui aussi sous sa forme brute, il faut désormais fréquemment, pour l'extraire, forer à plusieurs milliers de mètres de profondeur et sous plusieurs centaines de mètres d'eau en mer.

Le prix des minerais et métaux s'élève au fur et à mesure qu'il faut les concentrer et qu'il faut employer de l'énergie pour en extraire la substance utile. Les métaux non ferreux courants (aluminium, cuivre, plomb, zinc) valent entre 1 500 et 3 000 dollars la tonne, car leurs minerais contiennent quelques dizaines de kilos de substance utile par tonne. Le nickel et l'étain, dont les minerais sont encore moins riches, atteignent respectivement 15 000 et 25 000 dollars la tonne. À l'extrême, si l'or ou le platine valent si cher, c'est qu'on ne les trouve dans leurs minerais qu'à raison de quelques grammes par tonne.

Parmi les produits agricoles, les prix des cultures à haut rendement par hectare (céréales, sucre, soja et autres oléoprotéagineux) se situent entre 120 et 350 dollars la tonne. Les prix des autres commodités agricoles s'élèvent au fur et à mesure que les rendements à l'hectare faiblissent et/ou que la production demande plus de travail et d'intrants (énergie, fertilisants, produits phytosanitaires).

Commerce mondial

On trouve une grande diversité de situations quant à l'ouverture du marché mondial (mesuré par le ratio des exportations mondiales à la production mondiale). Certains produits sont pour l'essentiel consommés dans les pays qui les produisent : c'est le cas du charbon, du riz, des grumes de bois. Le pétrole et les principaux minerais et métaux voyagent davantage (autour de 50 % de la production mondiale sont exportés). À l'autre extrême, on trouve les boissons tropicales, l'étain et le caoutchouc, qui sont produits principalement pour l'exportation. On conçoit que, selon que les marchés mondiaux sont des marchés d'excédents ou qu'ils concernent l'essentiel de la production, ils se comportent différemment.

Avec 2 210 milliards de dollars d'exportations en 2011, le pétrole surpasse tous les autres produits dans le commerce mondial. Il est suivi, de loin, par les deux autres énergies fossiles : le gaz naturel, avec 500 milliards de dollars, et le charbon, avec 190 milliards de dollars. Viennent ensuite le minerai de fer (165 milliards de dollars), puis un certain nombre de produits agricoles (riz, maïs, blé, soja, sucre), dont les exportations sont comprises entre 30 et 50 milliards de dollars.

Dépendance de certains pays à l'égard des matières premières

Comme indiqué précédemment, contrairement à certaines conceptions simplistes des clivages Nord-Sud, le tiers monde dans son ensemble n'est pas le principal producteur ni même le principal exportateur de matières premières. Pétrole mis à part, les pays du tiers monde ne sont les exportateurs dominants (autour de 80 % du marché international) que d'un groupe restreint de produits : les boissons tropicales (café, cacao), le caoutchouc naturel, l'étain, la bauxite, suivis par le sucre, le phosphate rocheux, le bois, le riz.

Il n'en reste pas moins vrai que nombre de pays du tiers monde, généralement petits et peu peuplés, en sont très dépendants, au sens qu'une seule ou un petit nombre de matières premières constituent l'essentiel de leurs exportations et que les revenus tirés de leur exploitation représentent une très large part des recettes fiscales des États. Ceci les rend vulnérables à la « malédiction de la rente », dont nous parlerons au chapitre VI. L'Afrique du Sud, ainsi que quelques pays industrialisés de l'OCDE sont cependant également dans ce cas, quoique à un bien moindre degré : l'Australie, la Nouvelle-Zélande et la Norvège.

II / Rareté des ressources et évolution de long terme des prix

L'avarice de « notre mère la terre », une angoisse récurrente

Pour les fondateurs de l'économie politique, Smith, Ricardo et Malthus, la « terre » est l'un des trois « facteurs de production », avec le capital et le travail. Elle se caractérise par des rendements décroissants. À leurs yeux, malgré les possibilités du progrès technique qu'ils n'ignoraient pas totalement, la production agricole ne pouvait augmenter qu'en mettant en culture de nouvelles terres de moins en moins fertiles, sur lesquelles les coûts de production augmentent. Pour Ricardo, la croissance de la population engendre donc une croissance des prix relatifs des denrées agricoles, qui lamine les profits et donc l'investissement industriel, ce qui conduit *in fine* à la stagnation économique. Malthus pousse au bout ce raisonnement : la « terre » pose une limite infranchissable à l'augmentation du nombre des hommes. La régulation démographique de l'humanité a lieu en conséquence par les famines et les épidémies qu'elles favorisent.

Rapidement cependant, la perception de l'immense potentiel de la première révolution industrielle fait sortir du champ de la pensée économique l'« avarice » de notre mère la terre. Ainsi, dès le début du XIXe siècle, Jean-Baptiste Say affirmait que les ressources naturelles « ne pouvant être ni multipliées ni épuisées, elles ne sont pas l'objet des sciences économiques » [Say, 1828]. La croissance exponentielle de la consommation de charbon au cours du XIXe siècle en Europe conduit cependant William Stanley Jevons, l'un des fondateurs de l'économie néoclassique, à s'inquiéter dès 1865 de l'épuisement des réserves en Grande-Bretagne, qui pourrait selon lui stopper la révolution industrielle [Jevons, 1865]. Il n'avait pas prévu le développement du pétrole, dont l'exploitation moderne débute pourtant en 1859 avec les forages du colonel Drake autour de Titusville en Pennsylvanie. Il est vrai que le moteur à explosion n'était pas encore inventé et que l'usage principal du pétrole raffiné était le pétrole lampant, pour l'éclairage. *A fortiori*, Jevons ne pouvait pas prévoir le développement du gaz naturel et, bien entendu, de l'électricité nucléaire.

Ce n'est qu'à partir des années 1970 et du retour des inquiétudes malthusiennes, illustrées par le rapport Meadows, que les ressources naturelles retrouvent une place de choix dans l'analyse économique. Depuis, ces questions font l'objet d'une attention soutenue des sciences de la nature, de l'économie, et sont désormais l'objet d'un large débat public. À la question de la « rareté », supposée croissante, des ressources naturelles comme source de matière et d'énergie s'est ajoutée celle de la capacité de la nature à recycler les déchets humains sans dégradation excessive des écosystèmes. Les préoccupations concernant l'aval du cycle productif montent ainsi en puissance. Elles s'ajoutent et se combinent à celles concernant les ressources en amont du cycle. Sur le plan de l'analyse économique, cela se traduit par une explosion de la littérature concernant l'« environnement » et des liens étroits tissés avec celle portant sur les ressources. Sur l'« économie de l'environnement », on consultera le « Repères » portant ce titre, de Bontemps et Rotillon [2013]. Le fait que Gilles Rotillon soit auteur et coauteur, dans cette collection, d'*Économie des ressources naturelles* [2010] et de *L'Économie de l'environnement* illustre bien la grande proximité de ces deux champs.

L'analyse économique du « capital naturel »

Stocks et flux

L'analyse économique conceptualise la nature en termes de « capital naturel », un ensemble de stocks qui, combinés aux trois autres stocks de capitaux (humain, technique [construit], social et institutionnel), produisent des flux de biens et services utiles. L'expression « capital naturel » est cependant trop réductrice. Il faut distinguer en son sein plusieurs types de stocks et des processus de passage de l'un à l'autre. Les « ressources » sont des stocks, soit mal connus et donc pas immédiatement exploitables, soit connus mais tels que les techniques disponibles ne permettent pas de les exploiter, du moins pas à un coût inférieur à celui d'autres stocks connus. On sait, par exemple, qu'il existe des populations de morues en Atlantique Nord et de thon rouge en Méditerranée. On sait aussi que, dans tout bassin sédimentaire, on a de très fortes chances de trouver des gisements de pétrole et de charbon. Mais comment le sait-on ? Il a fallu faire au moins de la recherche scientifique pour construire des modèles géologiques, océanographiques, halieutiques et commencer d'accumuler des données empiriques. Généralement, ces recherches sont faites sur fonds publics et permettent ainsi de cerner l'existence et les grandes caractéristiques des stocks de « ressources ». On peut donc distinguer au sein même des ressources deux stocks : la « nature », qui n'est pas produite (mais qui peut être détruite), et les « ressources » *stricto sensu*, qui, elles, sont produites par l'activité de recherche scientifique. En raison du montant limité de recherche scientifique déjà effectuée, beaucoup de ressources ne sont pas encore connues. Par exemple, on rêve depuis longtemps de trouver dans l'extrême diversité des organismes vivants d'une forêt tropicale — dont seule une toute petite partie a été identifiée et étudiée — des molécules miracles contre les maladies qui nous résistent. Nous en savons assez pour assurer que la biodiversité des forêts primaires est une « ressource naturelle » précieuse, qu'il faut préserver, mais elle est encore très mal connue.

Beaucoup des ressources produisent d'elles-mêmes — sans interventions humaines coproductrices, mais en étant cependant soumises à des interventions humaines destructrices — quantité de flux de biens et services aujourd'hui gratuits, qu'ils aient le caractère de biens publics (le climat et tout ce qui le régule) ou que l'accès à la ressource naturelle soit libre (cas de la pêche en haute mer).

Mais, pour d'autres ressources, avant de songer à les exploiter, il faut faire d'autres investissements. Par exemple, il faut investir pour évaluer la taille, la répartition, voire les habitudes de migration des populations de poissons, l'intensité du rayonnement solaire et les régimes de vent, la puissance potentielle des cours d'eau, la taille, la profondeur et le type de pétrole que contient un gisement. Il est indispensable de connaître ces paramètres pour anticiper : 1) si l'exploitation de la ressource est rentable, c'est-à-dire si le flux de produits que l'on peut tirer du stock évalué procurera, une fois vendu sur les marchés, un revenu au moins égal aux coûts de la recherche, de l'évaluation et de l'exploitation ; 2) les caractéristiques du stock qui permettent de correctement dimensionner, par exemple, la flotte de pêche ou les infrastructures de développement du gisement de pétrole. En bref, il faut investir et combiner les trois autres types de capitaux aux stocks de ressources pour les transformer en « stocks utiles », définis comme les stocks : 1) connus et évalués ; 2) capables de produire des commodités de manière rentable. Au sens strict, seuls les « stocks utiles » constituent un « capital » productif, et ce capital n'est donc déjà plus strictement « naturel », il est déjà produit.

Figure 1. **Des stocks aux flux**

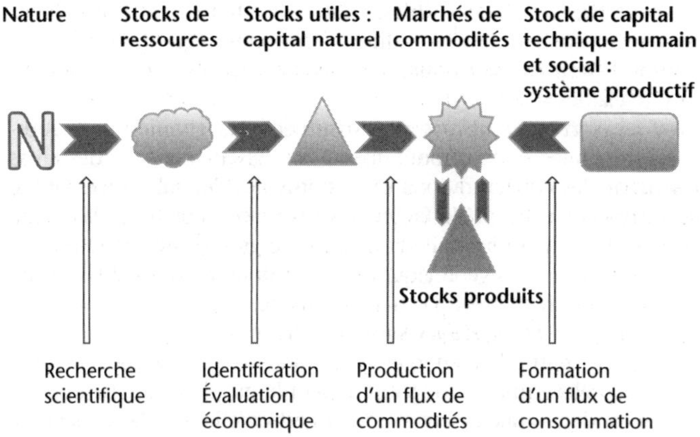

Chaque étape de la transformation des stocks en flux est opérée par des acteurs, publics ou privés, que l'analyse économique suppose rationnels et dont elle formalise la réponse « optimale » aux questions suivantes :

— Quel budget les États doivent-ils consacrer à la connaissance (toujours partielle) de la ressource ?

— Jusqu'où les entreprises doivent-elles aller dans la quête d'informations sur un stock de ressources pour le classer en stock utile ?

— Quel est, en fonction du prix, le flux optimal de production qu'un acteur doit tirer d'un stock utile ?

— Comment se forme la demande de consommation en fonction du prix ?

Plusieurs questions donc, traitées par des modèles économiques différents, que nous allons décrire, en laissant de côté dans ce livre la réponse à la première question (celle de déterminer le niveau de recherche scientifique optimal pour l'État), qui pose un problème d'économie publique plus général.

Ressources épuisables et ressources renouvelables

Nous partons donc des stocks de ressources, déjà produites par l'activité scientifique. Les caractéristiques des ressources, les techniques de leur transformation en stocks utiles, la dynamique de ces stocks, qui est toujours à la fois d'origine naturelle et le résultat d'une intervention humaine, l'ampleur et les caractéristiques des flux que l'on peut tirer des stocks utiles, tout cela diffère significativement d'une ressource naturelle à l'autre. L'économie regroupe cependant traditionnellement les ressources en deux catégories : « épuisables » et « renouvelables ».

Les *ressources épuisables* sont constituées des gisements de substances minérales et de carbone fossile. Les gisements sont des amas présentant des concentrations exceptionnelles des substances utiles, qui autrement existent de façon très dispersée dans toute la croûte terrestre. Ils sont le produit d'une activité géologique permanente. À l'échelle des temps géologiques, ils sont donc renouvelables. Ils ne le sont évidemment pas à l'échelle humaine.

Les *ressources renouvelables* sont constituées d'écosystèmes vivants ou de cycles naturels d'énergie et de matière sur lesquels l'activité humaine prélève un flux de substance utile ou d'énergie. La caractéristique fondamentale de ces ressources est qu'elles ont la capacité de se régénérer à échelle de temps humaine.

Avant d'en venir à ce qui les différencie et aux conséquences de ces différences sur la formation et l'évolution de leur prix, objet de ce chapitre, il faut s'attarder quelque peu sur le cycle productif dans son ensemble et préciser une caractéristique essentielle des flux de commodités et donc des ressources où ils trouvent leur origine : leur caractère substituable ou insubstituable. C'est en effet, on le pressent, une caractéristique essentielle de leur analyse économique.

Les substitutions

Les besoins finaux que satisfait le cycle productif sont en vérité en petit nombre : se nourrir, se reproduire, se vêtir, se loger, se déplacer, se soigner, s'instruire, se distraire, se protéger de ses ennemis et éventuellement les attaquer et les détruire. Ils ont été satisfaits par des moyens très variés au cours de l'histoire.

Prenons d'abord l'exemple de l'énergie. La satisfaction des besoins finaux demande de l'énergie sous quatre formes : énergie mécanique (cinétique), chaleur (à différentes températures), lumière et, depuis la fin du XIXe siècle, électricité dite spécifique, en ce sens que l'électricité y est utilisée pour ses propriétés électroniques et électromagnétiques, et non pour produire les autres formes d'énergie : énergie mécanique, chaleur et lumière. Le survol du chapitre I a montré que, au cours des âges, ces formes d'énergie utile ont été produites de bien des manières par des formes d'énergie « primaires ». La nourriture qu'ils absorbent est transformée en énergie mécanique par les hommes et les animaux, mais également en chaleur et en lumière : avant l'usage du pétrole lampant, la graisse de baleine procurait de l'huile brûlée dans les lampes, et les Esquimaux se chauffaient à la graisse de phoque. On peut ainsi considérer que le pétrole, dont on a dit plus haut que le premier usage fut le pétrole lampant, a « sauvé » les baleines de l'extermination au XIXe siècle. Le vent et les eaux courantes procurent de l'énergie mécanique, le bois, de la chaleur et de la lumière. Grâce à l'invention des machines thermiques, la chaleur des combustibles fossiles (charbon, gaz et pétrole) se transforme aussi en énergie mécanique. Enfin, l'électricité peut être produite par toutes les autres formes et peut les produire toutes, ce qui en fait l'invention la plus décisive des deux derniers siècles.

Jusqu'à présent, chaque fois qu'une énergie primaire a menacé de manquer en raison de l'augmentation de la population et des consommations individuelles, une autre s'est substituée à elle. De fait, il en sera ainsi tant que brillera le soleil. En effet, on estime qu'une surface du Sahara grande comme deux fois la Suisse reçoit une quantité d'énergie solaire qui, transformée en électricité avec les rendements actuels des cellules photovoltaïques, est égale à la consommation énergétique totale (pas seulement d'électricité) du monde actuel. L'humanité possède donc déjà les techniques qui permettraient de se passer de toutes les autres formes d'énergie primaire, si elles venaient à manquer.

En attendant, d'amples substitutions sont encore possibles au sein même des énergies fossiles. Que contenaient donc les réservoirs des milliers de tanks et d'avions des armées nazies qui se ruèrent sur l'Union soviétique en juin 1941 et foncèrent vers les puits de pétrole de Bakou, avant d'être stoppées à Stalingrad ? De l'essence élaborée à partir du charbon allemand. À quoi roulaient les voitures en Afrique du Sud sous embargo pétrolier en raison de l'apartheid ? À l'essence de charbon également. L'armée de l'air américaine tient aujourd'hui en réserve un programme de substitution complète des carburants pétroliers. Si le prix du pétrole conventionnel se stabilisait durablement autour de 100-120 dollars le baril, on pourrait se passer de pétrole, car le charbon et le gaz naturel, dont les réserves sont immenses et les ressources encore mal connues, permettraient de fabriquer des substituts aux carburants pétroliers à un coût inférieur.

Prenons maintenant l'exemple des matières premières industrielles. Ce qu'achète un industriel pour produire des biens manufacturés, ce n'est pas un produit particulier, c'est un ensemble de « fonctions » que ce produit peut assurer. L'utilisateur d'acier n'achète pas un alliage de fer, de carbone et de quelques autres métaux, mais un matériau qui possède des qualités mécaniques, de résistance à la corrosion, voire électriques, thermiques, magnétiques, etc. Tel type d'acier est susceptible d'être, à un moment donné, le meilleur compromis coût/qualités requises pour un usage donné (une carrosserie d'automobile, par exemple). Mais cela peut aussi devenir le cas d'un alliage d'aluminium ou d'un matériau composite à matrice organique.

De plus, les matières premières d'usage industriel, mais pas seulement, sont souvent recyclables. Le recyclage doit s'analyser comme une modalité de substitution de la matière « première » par les déchets recyclés. Sont recyclables les matières premières qui, dans les processus de production et de consommation finale, conservent au moins en partie leurs caractéristiques utiles. Ainsi, la plupart des métaux sont recyclables. L'eau, dans ses usages industriels et domestiques, est aisément recyclable. Le bois de construction et le papier sont recyclables, soit tels quels, soit comme combustibles. Il en est de même des plastiques d'emballage. Ne le sont pas les matières premières que les processus de production et de consommation détruisent, par exemple les combustibles et carburants, qui sont brûlés, ou les aliments, qui le sont aussi. Le recyclage comprend généralement deux étapes : la collecte des déchets, souvent dispersés, et leur traitement pour (re)produire les matières premières.

Dans certaines filières, le recyclage est aujourd'hui une source de matières premières aussi et même plus importante que les ressources naturelles. C'est particulièrement le cas des métaux, dont les taux de recyclage varient de plus de 95 % pour les métaux précieux (platine, or) à quelques dizaines de pourcents pour les métaux courants. Dans le monde occidental aujourd'hui, la part des matières premières élaborées à partir de déchets recyclés est de 46 % pour l'acier, 42 % (en moyenne) pour les métaux non ferreux, 60 % pour le papier. Ces taux ont tendance à augmenter. L'équilibre entre source primaire et matière recyclée est en effet une question purement économique. Il s'agit d'une compétition où, si une filière réussit à baisser ses coûts relatifs, elle gagne des parts de marché sur l'autre. Par conséquent, si, pour une raison quelconque, le prix de la matière « primaire » augmente, cela n'ayant *a priori* aucune raison de modifier les coûts de collecte et de traitement des déchets recyclables, le taux de recyclage augmente. C'est ainsi que, lors de la forte hausse des prix du cuivre en 2007, on a assisté à des vols de camions de déchets de cuivre et au dépeçage nuitamment exécuté des bâtiments mal gardés contenant beaucoup de fils électriques et tuyaux de cuivre. Une forme particulière d'augmentation du recyclage et de compétition sauvage dans cette filière.

Nous savons tous, enfin, que ce dont nous avons besoin pour vivre est d'absorber des aliments d'un certain contenu énergétique avec un bon équilibre entre protides, lipides et glucides, plus quelques vitamines et oligoéléments, et non pas de pain, de beefsteak et de fraises (même si, évidemment, le goût entraîne des préférences). Il en est de même pour les bœufs, les porcs et les volailles, à qui, de plus, on ne demande pas s'ils préfèrent l'herbe fraîche au tourteau de soja ou le maïs au blé.

Techniquement, presque toutes les matières premières sont donc substituables. C'est à peine forcer le trait que de dire toutes. Les seules exceptions sont peut-être certains métaux utilisés dans des techniques de pointe, comme les terres rares (un ensemble de métaux aux propriétés voisines, le scandium, l'yttrium et les quinze lanthanides, qui ne sont en vérité pas rares du tout dans l'écorce terrestre) ou le tantale (extrait du coltan), utilisé dans les condensateurs et filtres à ondes des smartphones ou des PlayStation. Mais il est hautement probable que l'on aura trouvé des substituts dans quelques années, si du moins le tantale et les terres rares devenaient très coûteux à produire. Ce qui ne sera sans doute pas le cas, parce que la hausse des prix provoquée par l'augmentation rapide non anticipée de la demande a stimulé l'évaluation de nouveaux gisements et le recyclage des anciens stériles.

Ce qu'il faut retenir, c'est : 1) qu'il n'est pas une commodité qui ne soit cernée par des substituts plus ou moins proches en termes de coût ; 2) qu'il n'est pas un type de stock utile qui n'ait de substitut à des coûts de production plus ou moins proches. Le système productif se déforme sous l'effet : 1) des modifications des préférences en termes de besoins finaux ; 2) du progrès technique ; 3) de la « raréfaction » relative de certains stocks (nous verrons selon les stocks, épuisables ou renouvelables, ce que cela veut dire). Les substitutions y sont permanentes, et ce sont les variations de prix qui les engendrent, en signalant aux acteurs les changements de rareté relative des éléments de capital naturel, selon des mécanismes que nous allons analyser plus en détail. La plus ou moins grande « facilité » des substitutions, la plus grande proximité des substituts se mesurent par l'élasticité de la production et de la consommation aux prix. Les définitions de l'élasticité de la production S et de la demande D au prix p sont respectivement :

$$\frac{dS/S}{dp/p} \text{ et } \frac{dD/D}{dp/p}.$$

Généralement, la première est positive — la production S augmente quand le prix p augmente — et la seconde négative — la demande D diminue quand le prix p augmente.

Ces mécanismes économiques, en vérité triviaux, sont parfois ignorés de ceux qui ne raisonnent qu'en termes de quantités de ressources spécifiques, négligeant ainsi le rôle des variations de prix et les substitutions qu'elles engendrent. Par exemple, on entend dire : « Il ne nous reste plus que 1 000 milliards de barils de pétrole, nous en consommons 90 millions par jour et cela augmente de 2 % par an avec la croissance des pays émergents, on va donc bientôt en manquer, et la croissance mondiale va s'effondrer ! » Certes, les réserves de pétrole conventionnel seront bientôt épuisées — dans quelques décennies tout de même —, mais on est loin de l'épuisement de celles de gaz et encore plus loin de celles de charbon. Et puis, à notre échelle, l'énergie solaire est inépuisable (nous reviendrons sur cette question au dernier chapitre). Il faut cependant immédiatement tempérer cet optimisme technico-économique par deux questions. Celle du coût des transitions d'une ressource aux autres et celle qui concerne l'existence, malgré tout, de ressources insubstituables.

La question des transitions

L'agriculture dite aujourd'hui « biologique », c'est-à-dire sans apports chimiques, a nourri l'humanité pendant huit mille ans. Les métaux non ferreux, les plastiques et les céramiques pourraient remplacer l'acier dans tous ses usages. On l'a dit, l'énergie solaire est à notre échelle inépuisable. Il est cependant difficile d'imaginer comment notre civilisation actuelle pourrait se passer, sans gigantesques bouleversements engendrés par de très fortes variations de prix relatifs, de l'acier comme matériau structurel de base, ou comment nourrir les 9 à 10 milliards d'hommes attendus à la fin du siècle sans engrais chimiques (nitrates, phosphates, potasse). En effet, on estime que, sans nitrates ou sans phosphates, la production alimentaire mondiale baisserait de 40 %. Certes, on trouverait des solutions (les bactéries qui fixent l'azote de l'air, par exemple), mais, en attendant, pourrait-on passer le cap sans affronter de grandes famines ? Passer rapidement d'un système énergétique qui repose encore à 80 % sur les énergies fossiles à un système d'énergies renouvelables risque d'être assez difficile. Le manque d'eau provoquerait quant à lui une régulation démographique très rapide. Heureusement, l'eau est recyclable. En bref, l'épuisement d'une ressource dont les substituts sont très éloignés en termes de coûts pourrait engendrer des transitions marquées par de fortes réductions des consommations actuelles, voire un retour à une régulation « malthusienne » par la démographie. Nous verrons dans le dernier chapitre comment hiérarchiser les véritables « raretés » auxquelles sera confrontée l'humanité d'ici la fin du siècle.

Les ressources insubstituables

Malgré tout ce qui vient d'être dit, il existe des ressources déclarées « insubstituables » par les experts ou par l'opinion. Il s'agit de comprendre ce que veut dire « insubstituable ». Prenons un exemple : le gorille, en tant que symbole des espèces menacées de disparition et plus généralement de l'érosion dramatiquement accélérée de la biodiversité. Le gorille a une valeur marchande : les images de gorilles en liberté se vendent. Mais surtout son habitat, la forêt primaire du bassin du Congo, a une forte valeur marchande pour son bois et ses sols. Aujourd'hui, l'exploitation de la forêt menace sérieusement la survie du gorille en liberté. Même si l'on prenait en compte pleinement la valeur marchande propre du gorille, il en serait ainsi. Or le gorille a aussi une « valeur d'existence » aux yeux de beaucoup d'humains, qui tiennent à l'idée (car la plupart n'en verront jamais) de son existence à l'état sauvage. De plus, son existence a une « valeur d'option » : le gorille pourrait en effet nous servir un jour à trouver des vaccins contre des virus mutants dont les grands singes sont porteurs. Si l'on parvenait à évaluer monétairement la « valeur d'existence » du gorille, son existence deviendrait substituable : ayant un prix, elle pourrait s'échanger contre une autre marchandise qui donnerait aux humains (actuels et à venir) la même « satisfaction » finale.

La question devient donc celle du prix de l'existence du gorille. On peut imaginer demander à chacun : « Combien êtes-vous prêts à payer pour sauver le gorille ? » Mais on peut aussi demander : « Combien faut-il vous donner pour “compenser” la disparition du gorille ? Quelle est la somme qui vous en “consolerait” totalement ? » On appelle ces deux prix respectivement le « consentement à payer » et le « consentement à recevoir ». On a tenté de les évaluer par sondage. Il est évident que le premier est toujours très inférieur au second. S'il faut payer pour sauver le gorille, il faut aussi le faire pour l'aigle chauve, la tortue des Galápagos et bien sûr les milliards de bactéries potentiellement sauveuses, etc., et ensuite… il faut bien vivre. Le consentement à payer est donc soumis à une contrainte de budget. Pas le consentement à recevoir, qui peut être infini : « Je ne consentirai jamais à la disparition du gorille, *même pour tout l'or du monde !* »

On voit bien que la question de la propriété de la ressource est cruciale. En l'occurrence, il s'agit de la propriété de la forêt primaire africaine, habitat du gorille. Si, pour le propriétaire de la forêt, la valeur d'existence du gorille est nulle, il imposera, pour l'épargner, de recevoir le consentement à payer de tous, et encore, à condition que cette somme dépasse la valeur économique de la forêt. Si la forêt appartient à un acteur — individuel ou collectif — pour qui le gorille a une valeur d'existence, il ne permettra l'exploitation de la forêt que s'il « touche » son propre consentement à recevoir pour la disparition du gorille. Celui-ci peut être infini. La ressource est alors déclarée par son propriétaire « insubstituable ». Puisque les droits de propriété sont *in fine* octroyés et protégés par le pouvoir politique, c'est donc toujours une affaire de politique. On peut donc conclure qu'est « insubstituable » une ressource : 1) connue ; 2) déclarée telle par un processus politique de décision collective.

Apparaît une difficulté : une ressource déclarée insubstituable par une génération le sera-t-elle par la suivante ? Ou réciproquement ? Nous autres, contemporains, déclarerions volontiers insubstituables les grands singes, qui sont nos cousins, mais pas nécessairement le serpent à sonnette, l'anophèle transmetteur de paludisme ou le virus Ebola. Mais, dans cent ans, qui sait ce que seront les préférences des humains ? Cela pose le problème des critères d'équité intergénérationnelle, sur lequel nous reviendrons en fin de chapitre.

En résumé, la substituabilité des ressources, des stocks utiles et des flux de commodités qu'on en tire est une caractéristique variable selon les ressources, mais fondamentale pour leur analyse économique. Nous pouvons en venir à l'analyse plus détaillée de la dynamique des prix pour les deux grandes catégories de ressources naturelles.

Les ressources épuisables

Ressources et réserves : définitions

Nous donnons ici une définition économique précise, nécessaire à l'analyse de la dynamique des prix, des réserves et des ressources. Les chiffres de réserve publiés soit par des organismes publics, tel l'US Geological Survey, soit par les entreprises minières et pétrolières, pour lesquelles ce sont des actifs valorisables dans leurs comptes, le sont selon des nomenclatures plus détaillées, mais aussi parfois plus imprécises.

On appelle *réserve*, au sens économique, d'une substance donnée un volume de minerai contenant cette substance :

1) découvert et dont le volume et la qualité du minerai sont évalués ;

2) dont le coût de développement évalué est inférieur à une limite donnée.

Le « coût de développement » des réserves est ici défini comme le prix de vente qui procurerait un taux de profit normal, compte tenu du risque pris, au capital investi dans le développement de ces réserves.

Les réserves sont donc mesurées non pas par un chiffre unique (X milliards de tonnes), mais par une courbe V = V(c), qui donne le volume des réserves en fonction du coût de développement limite c.

Les *ressources* sont des gisements : 1) découverts, mais dont le coût d'extraction est plus élevé que celui qui définit les réserves, ou 2) dont la découverte à venir est probable compte tenu des connaissances géologiques accumulées. Une notion évidemment intéressante est celle de « ressources ultimes ». Il faut bien sûr d'abord définir une limite de coût d'extraction. On qualifiera d'ultimes les ressources exploitables à un coût d'extraction inférieur au coût de production ps d'un substitut. Les ressources « ultimes » sont toujours extrapolées sur la base de raisonnements géologiques de tout ce qui reste à découvrir. Cette extrapolation n'a de sens que lorsque toutes les zones potentiellement favorables du globe ont été au moins préliminairement explorées. Les ressources ultimes peuvent aussi bien être appelées « réserves ultimes à coût de développement inférieur au coût du substitut ps », sauf que ces réserves ultimes sont généralement en grande partie hypothétiques, alors que les réserves au sens strict sont « prouvées » (avec une « bonne » probabilité).

La dynamique nature-ressources-réserves

En économie, on présente de façon classique une relation quantité-prix par une courbe avec les quantités en abscisse, les coûts et prix en ordonnée. Les figures suivantes présentent donc le coût de développement c(V) des réserves, en fonction de leur volume cumulé V. Cela permet de répondre à la question suivante : à un coût de développement inférieur à c, de quel volume cumulé de réserves prouvées (et de ressources) disposons-nous ? Nous l'appellerons désormais « courbe de coût de développement des réserves » (*reserve availability curve*).

La figure 2 montre comment les réserves V(c) disponibles à un coût égal ou inférieur à c évoluent dans le temps sous l'effet :

1) de la recherche minière et de l'évaluation des gisements qui augmentent, à coût c donné, les réserves et les ressources, et font pivoter vers le bas la courbe c(V) ;

2) du progrès technique qui abaisse les coûts de production, donc la courbe c(V), fait passer des ressources en réserves et augmente les ressources ;

3) du relèvement du coût de production limite c.

Figure 2. **Courbe de coût de développement des réserves et dynamique des réserves et des ressources**

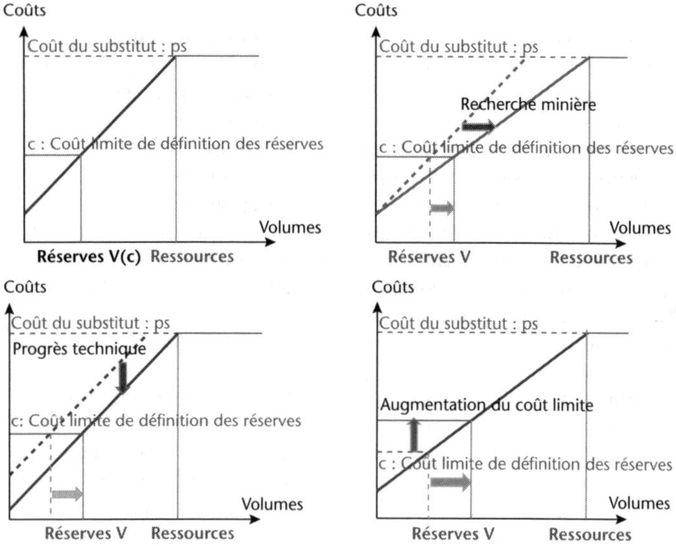

Les ressources, quant à elles, évoluent sous l'effet de la recherche minière et du progrès technique, ainsi que sous l'effet de l'augmentation du prix du substitut ps.

Voyons cela plus en détail.

La recherche minière et pétrolière. — Cette activité est exercée soit par des compagnies privées, soit par des compagnies publiques sous contrainte de capital, dont la logique de comportement est peu différente. Une compagnie minière ou pétrolière se livre à deux types d'optimisation pour transformer des ressources en capital productif, en réponse à deux questions :

— Jusqu'où pousser l'évaluation d'un gisement avant de décider sa mise en réserve ? Autrement dit, quelle est la connaissance optimale à accumuler sur un gisement avant la décision d'exploitation ?

— Jusqu'où pousser l'exploration ? Autrement dit, quelle est la taille optimale de mon portefeuille de réserves ?

Les conséquences de ces optimisations microéconomiques sont les suivantes :

— on ne connaît pas vraiment la taille et le coût d'exploitation d'un gisement avant de l'avoir épuisé. L'expérience montre qu'on a généralement de bonnes surprises sur la taille, moins souvent sur les coûts ;

— il n'y a aucun intérêt à détenir un portefeuille de réserves représentant plus d'une trentaine d'années de sa propre production. Continuer à faire de l'exploration quand on détient déjà un tel portefeuille, c'est prendre un risque élevé de dépenser de l'argent aujourd'hui pour une exploitation qui n'interviendra que dans plus de trente ans. Avec le taux d'actualisation utilisé dans l'industrie, qui est le coût moyen pondéré du capital qu'elle peut lever, cet investissement en exploration a toutes les chances de se révéler non rentable.

En conséquence, il est parfaitement logique qu'à échelle mondiale le total des réserves prouvées ne dépasse pas une trentaine d'années de la consommation courante. C'était le cas dans les années 1950, c'était également le cas dans les années 1970, deux époques où, avant la nôtre, on s'est déjà inquiété de l'épuisement prochain des ressources épuisables. Aujourd'hui encore, pour de nombreuses substances, bien que les consommations annuelles aient été multipliées souvent par plus de dix ou vingt en moins d'un siècle, les réserves sont de l'ordre de trente ans de consommation. Lorsque les réserves d'une substance minérale représentent bien plus que trente ans de consommation mondiale annuelle, c'est que les compagnies minières ont eu beaucoup de chance et ont découvert de très gros gisements à bas coûts d'extraction.

En bref, il n'y a aucun intérêt microéconomique à connaître les réserves ultimes de manière prématurée. Ainsi, dans le cas de la plupart des substances minérales, on ne connaît pas les réserves ultimes, on n'en a même aucune idée sérieusement fondée, car aucune compagnie et aucun État n'ont trouvé intérêt à ratisser systématiquement la planète pour découvrir tous les gisements existants à un coût d'extraction inférieur à une limite donnée par un substitut. On n'a une idée des réserves ultimes que pour le pétrole dit conventionnel, car les compagnies pétrolières ont déjà foré la plupart des bassins sédimentaires où se trouvent le pétrole et le gaz ; mais c'est la seule substance qui soit dans ce cas. Encore faut-il préciser qu'on a cru jusqu'à il y a peu assez bien les connaître. Mais, grâce à des innovations techniques (forage horizontal et fracturation hydraulique), on extrait désormais à bas coût du gaz, mais aussi du pétrole de roche-mère, et ces réserves restent encore mal évaluées.

Le progrès technique. — Dès que les acteurs sont des firmes privées en compétition, le progrès technique devient une exigence. Dans le secteur primaire qui produit des commodités, la seule différenciation possible avec ses concurrents est de réduire ses coûts de découverte, d'évaluation, mais aussi bien sûr d'exploitation. Le progrès technique est donc permanent et orienté vers la baisse des coûts et non vers la différenciation produit. C'est pourquoi il engendre des gains de productivité et des baisses de coûts souvent plus rapides que dans le secteur secondaire, *a fortiori* dans le tertiaire.

Le relèvement du coût limite. — Pour de nombreuses substances, le volume cumulé V(c) des réserves exploitables à un coût de développement inférieur à c augmente fortement avec c. Ainsi, pour produire de l'aluminium, on exploite actuellement la bauxite qui contient 50 % d'alumine (l'oxyde d'aluminium : Al_2O_3). Les réserves identifiées de bauxite sont déjà de plus de 10 milliards de tonnes, pour une production annuelle en 2013 de l'ordre de 200 millions de tonnes, soit cinquante ans de production. Mais l'anorthosite est une roche qui contient 25 % d'alumine. Si on en extrayait l'aluminium, il suffirait de 8 km^3 d'anorthosite pour égaler les réserves identifiées de bauxite. Or, rien que dans l'Est du Canada, le sous-sol formé d'anorthosite couvre plus de 100 000 km^2, soit, si l'on suppose une couche de minerai d'à peine un mètre d'épaisseur seulement, 100 km^3, douze fois les réserves de bauxite ! Il est vrai que l'aluminium est un des éléments les plus répandus dans la croûte terrestre.

Cet exemple appelle cependant une remarque importante : abaisser les teneurs en substance utile des minerais exploités (ici, de 50 % à 25 %) augmente certes les réserves, souvent très fortement, mais exploiter des teneurs plus basses exige systématiquement plus d'énergie et de travail, donc coûte plus cher. Un paramètre important de la dynamique du prix d'une ressource minérale est donc la pente de la courbe c(V), autrement dit l'élasticité des réserves au coût de développement, qui s'écrit : (dV/V)/(dc/c). Elle est positive, mais variable selon les substances et toujours assez mal connue au-delà d'un volume qui représente quelques dizaines d'années de production, pour les raisons énoncées plus haut.

À titre d'illustration, les figures 3 et 4 montrent deux courbes de développement des réserves pour les pétroles (conventionnel, de roche-mère, non conventionnel et de synthèse, noté XTL – *X* [charbon, gaz] *to liquid*), établies à partir des données de l'IEA [2013] et pour le lithium par Yaksic et Tilton [2009].

Des stocks de réserves aux flux de production

Comment passe-t-on des stocks de réserves, décrits par la courbe c(V), aux flux de productions annuels S(t) que les entreprises

Figure 3. **Courbe de coût de développement des réserves de pétrole**

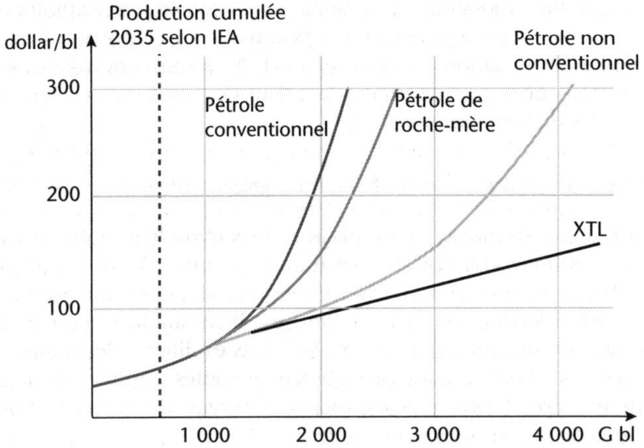

Source : IEA [2013], XTL calculé par l'auteur.

Figure 4. **Courbe de coût de développement des réserves de lithium**

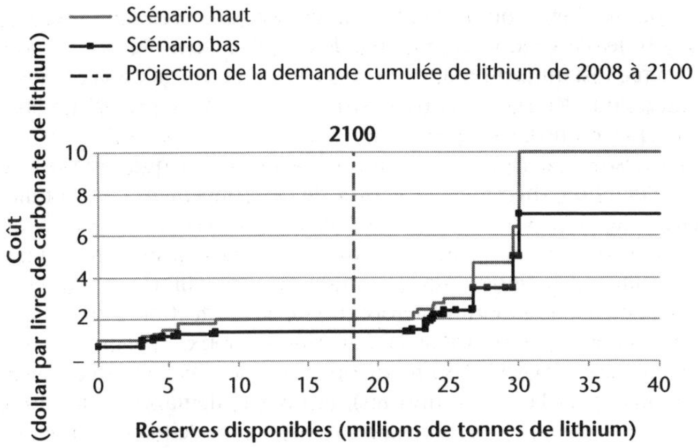

d'extraction tirent de ces réserves ? La réponse n'est pas simple. Nous examinerons d'abord le cas simple, mais irréaliste, où toutes les réserves sont connues dès le début de l'exploitation. Puis nous nous pencherons sur les objections des géologues qui, à la suite de Hubbert, distinguent deux phases dans le processus de production d'une commodité minérale : l'exploration des gisements et la production. Ensuite, nous évoquerons les raisons pour lesquelles on exploite en même temps des réserves de coûts différents, et pourquoi cela engendre des situations de monopole et des rentes « ricardiennes ». Enfin, nous nous intéresserons à la valeur des gisements en terre et aux rentes de leurs propriétaires.

La courbe d'offre à long terme et le prix d'équilibre théorique

Commençons par un cas simple avec deux hypothèses fortes : 1) les réserves ultimes sont connues de tous (la courbe c(V) et le prix du substitut ps sont connus) ; 2) les gisements sont exploités par coût croissant. L'hypothèse la plus forte est bien sûr la première. La seconde s'en déduit si l'accès aux gisements est libre et les firmes en compétition. Dans ce cas, elles cherchent toutes à minimiser leurs coûts et exploitent donc d'abord les réserves à bas coûts. Nous lèverons ces hypothèses par la suite.

Si les réserves sont exploitées strictement par ordre de coût croissant, alors la courbe de coût de développement des réserves c(V) est identique à la courbe d'offre cumulée c(Sc), qui donne le coût de développement c qu'il faut consentir pour extraire la production cumulée Sc. Cette courbe d'offre cumulée est parcourue dans le temps au rythme d'évolution de la demande cumulée Dc(t) (figure 6, p. 42). À chaque instant t, la production cumulée doit être égale à la consommation cumulée Sc(t) = Dc(t), et cela nous donne le prix d'équilibre théorique à l'instant t : p(t) = c(t).

En raisonnant marginalement, cela se dit : à chaque instant t, le prix d'équilibre théorique est le coût de développement c de la mine marginale qu'il faut ouvrir pour satisfaire la demande à ce prix c. En bref, le prix d'équilibre est le coût de développement marginal. Et, en dynamique, cela se dit : l'évolution du prix d'équilibre p(t) doit être telle qu'à chaque instant t la croissance de la production à quoi incite ce prix égale la croissance de la demande à ce prix.

L'encadré 1 précise comment on peut calculer la trajectoire du prix p(t) et de la production S(t), égale à la demande D(t), si on connaît la courbe d'offre à long terme c(Sc) et la demande future.

Le « pic de Hubbert »

Sans quitter le monde de la compétition généralisée entre firmes libres d'accéder aux gisements, examinons les arguments et les modèles de géologues qui ont introduit des contraintes géologiques

Encadré 1. Trajectoires de prix et de production d'une ressource épuisable

Pour calculer la trajectoire du prix dans le temps, il faut faire des hypothèses sur la demande future. On peut par exemple supposer qu'elle croît avec le temps au taux g et qu'elle est élastique au prix avec une élasticité b. La demande a donc la forme :

$D(t,p[t]) = Do\,e^{gt}(p[t]^{-b} - ps^{-b})$.

Elle s'annule pour p = ps.

On veut calculer ce que sera, avec ces hypothèses de demande, l'évolution des prix dans le temps, c'est-à-dire la fonction p(t). En situation compétitive, le prix est égal au coût de développement des réserves dont la mise en production est nécessaire pour satisfaire la demande à ce prix :

pour tout t : c(t) = p(t).

Il suffit de résoudre l'équation différentielle qui égalise à chaque instant t offre et demande cumulées :

pour tout t : $Sc(p[t]) = Dc(t,p[t]) = Do \int_0^t e^{gu}(p[u]^{-b} - ps^{-b})\,du$.

Dans la figure 5, nous donnons deux exemples de résolutions de cette équation, illustrant deux hypothèses sur la courbe d'offre et la fin de vie des réserves : substitut abondant à prix ps, ou prix qui flambe à l'approche des réserves ultimes (c'est-à-dire substitut à un prix très élevé). À gauche, la courbe d'offre croît régulièrement vers le prix d'un substitut abondant, et la demande est peu élastique au prix (b petit). On constate une évolution régulière du prix et de la production qui est brusquement remplacée par celle du substitut quand le prix a atteint ps.

Ce brusque effacement, irréaliste, disparaît dans le cas de droite. Dans ce cas, il n'y a pas de substitut proche, et le coût de développement initialement plat croît fortement quand on s'approche des réserves ultimes, tandis que la demande est fortement élastique au prix. Les prix restent d'abord bas et la demande croît rapidement. Les prix se redressent fortement à l'approche de l'épuisement, la demande connaît un pic, puis décroît rapidement quand le prix flambe. C'est la demande — d'une ressource épuisable donnée — qui connaît un « pic » et la production qui s'adapte.

Figure 5. **Trajectoires de prix et de production**

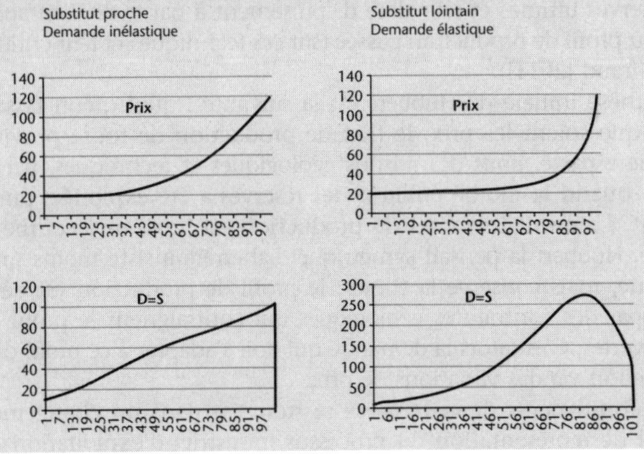

Figure 6. **Courbe d'offre à long terme**

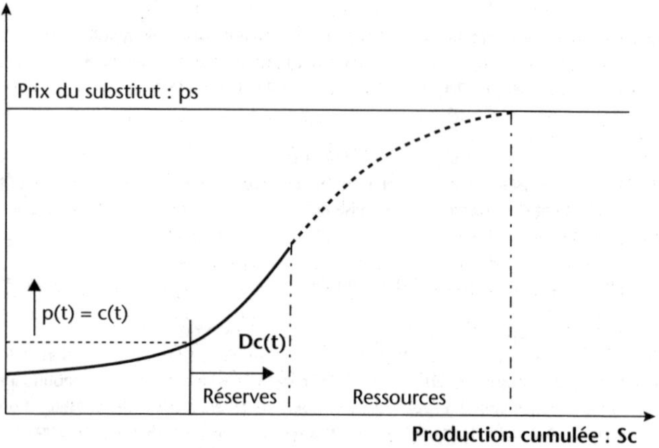

(*under the ground*), déterminant selon eux le profil du flux de production que l'on peut tirer d'un stock de réserves donné. La thèse initiale est formulée par le géophysicien pétrolier Marion King Hubbert dans les années 1960. Elle est reprise et développée aujourd'hui par d'autres géologues pétroliers, tels Campbell et Laherrère [1998], réunis dans l'ASPO (Association for the Study of Peak Oil). Elle a également été appliquée aux phosphates [Cordell, 2010]. Elle donne lieu à des techniques, dites de « linéarisation de Hubbert », qui prétendent prévoir les réserves ultimes et leur date d'épuisement à partir de l'extrapolation du profil de production passée (sur ces techniques et leur critique, voir Giraud [2011]).

La thèse initiale de Hubbert est la suivante : quoi qu'on fasse et quels que soient les prix, le flux de production de toute province pétrolière passe, pour des raisons géologiques et techniques, par un « pic » quand la moitié environ des réserves a été exploitée, puis il décroît. Le profil temporel de production est ainsi une courbe en cloche. Hubbert la pensait symétrique. Laherrère insiste moins sur la symétrie, mais conserve la thèse : le profil de production est déterminé par des contraintes géologiques qui contraignent le profil des découvertes. C'est alors la demande qui doit s'adapter à ce profil de la production *via* des variations de prix.

Les fondements de cette thèse se trouvent dans un changement radical de représentation du processus industriel d'exploitation des gisements. L'hypothèse simplificatrice faite ci-dessus — on connaît au départ tous les gisements et on les exploite, en situation concurrentielle, par coûts croissants — est rejetée. On adopte le schéma analytique suivant : il existe deux étapes distinctes dans le processus réel de production d'une commodité minérale, il faut d'abord découvrir des gisements, puis les mettre en exploitation. Ce processus est soumis à certaines contraintes géologiques et techniques sur le flux de découverte à effort d'exploration donné, d'une part, et sur le flux de production que l'on peut tirer d'un gisement découvert, d'autre part. Puisqu'on n'a pas de raison de retarder la mise en exploitation d'un gisement découvert quand la demande est croissante, la courbe de production cumulée suit, avec un retard de quelques années, la courbe des découvertes cumulées, l'écart entre les deux courbes étant le temps moyen de mise en exploitation d'un gisement. C'est sans conteste un cadre analytique bien plus réaliste que le précédent, il vient en effet d'hommes qui connaissent l'industrie. Ce qui intéresse Hubbert et ses successeurs, qui sont des géologues, c'est la phase d'exploration.

Ils en proposent un modèle fondé sur une hypothèse de base selon laquelle, dans une province pétrolière ou minière donnée, les découvertes cumulées sont une fonction logistique de l'effort d'exploration cumulé. Une hypothèse que l'on peut expliquer et justifier de la façon suivante. Quand on commence l'exploration dans une zone inconnue, on ne connaît pas bien la géologie. Un effort d'exploration E donné, mesuré en millions de dollars par exemple, ne produit qu'un flux faible de découvertes V, aussi rapidement que possible mises en production. Le coût d'exploration E/V par tonne ou par baril est élevé. Puis on connaît de mieux en mieux la province, l'efficacité de l'exploration s'améliore et le taux de découverte pour un effort donné E augmente. Ainsi, le coût unitaire de découverte E/V décroît. Quand la moitié environ des réserves ultimes a été découverte, on connaît certes toujours de mieux en mieux la géologie, mais il y a de moins en moins de gisements à découvrir, l'efficacité de l'exploration diminue et les coûts unitaires augmentent à nouveau.

Si l'effort d'exploration est constant dans le temps, alors cette hypothèse entraîne mathématiquement un profil temporel de production en cloche symétrique et un profil de coût unitaire de découverte en U. Mais pourquoi l'effort annuel d'exploration serait-il constant et insensible au prix ? Telle est la question en débat entre géologues et économistes.

Des modèles économiques récents intègrent les contraintes géologiques décrites par Hubbert, ainsi que d'autres contraintes techniques d'exploitation des gisements pétroliers liées à la mécanique des fluides dans la roche-mère. Ces modèles montrent que, en situation de marché compétitif comme en situation de monopole sur l'accès aux réserves, le profil de production n'a aucune raison d'être symétrique [Giraud, 2011]. En d'autres termes, les contraintes géologiques, que ces modèles économiques prennent en compte, modifient certes l'évolution des coûts d'exploration dans le temps, mais ne contraignent pas la production, qui s'adapte à la demande grâce aux variations de prix.

En bref, personne ne songe à nier l'existence d'un « pic pétrolier » et plus généralement de pics de production d'une ressource épuisable à partir d'un stock de réserves donné. Les réserves d'une certaine catégorie étant limitées, leur production passe nécessairement par un maximum, puis décroît. Elle ne peut augmenter continûment pour s'effondrer instantanément quand le stock est épuisé. C'est déjà le cas, comme on l'a vu, dans le modèle très simplifié de l'encadré 1, sans aucune contrainte géologique. Ceci est trivial. L'innovation de Hubbert, c'est d'avoir forcé les économistes à utiliser des modèles à deux étapes — exploration, puis production — et à y introduire des contraintes techniques réalistes. Les bonnes questions sont désormais : quand le pic sera-t-il atteint ? Sera-ce un pic ou un plateau ? À quel niveau de production ? Quelles conséquences sur le prix de marché ? Quel est le substitut le plus proche et quel est son coût de développement ?

Les rentes différentielles ricardiennes

Il est d'autres contraintes sur les flux de production à partir des réserves que celles supposées par Hubbert et ses élèves. Nous devons aussi les prendre en compte pour nous approcher de la réalité. Ces contraintes sont de nature technico-économique. Ainsi, on ne peut « tirer » sur un gisement de pétrole qu'à un rythme dépendant de la viscosité de l'huile dans les roches-mères. Si l'on tire trop vite, on puisera moins de pétrole. Le flux optimal de production à partir d'un volume donné de réserves est ainsi déterminé par un calcul économique. De même, il n'est pas économique d'exploiter en deux ans un énorme gisement minier. On le programmera pour trente ou quarante ans, selon le résultat d'un calcul d'optimisation. Ceci résulte de ce qu'on appelle des « économies d'échelle » dans les différentes étapes de mise en production d'un gisement, incluant la logistique d'évacuation. Il en résulte une taille économiquement optimale — c'est-à-dire minimisant les coûts de production — de l'équipement du gisement et donc du flux de production. Cette taille est variable selon les gisements et surtout la logistique. Elle va, par exemple, de 10 à 20 millions de tonnes par an pour un grand gisement sédimentaire exploité à ciel ouvert. Elle est de l'ordre de centaines de milliers de barils par jour pour un gisement pétrolier. Les très grands gisements sont donc exploités par « tranches » successives, pendant des dizaines d'années.

Il en résulte que, pour satisfaire la demande, il faut mettre en exploitation en même temps plusieurs catégories de gisements, dont les coûts de développement diffèrent. Bien sûr, pour le développement des nouveaux gisements, on procède toujours par ordre de coûts croissant, et le prix d'équilibre est donc toujours le coût de développement du gisement marginal. Mais, à un instant donné, les producteurs ont des coûts différents. La différence entre le coût de développement de chaque gisement et le coût de développement du gisement marginal, qui est le prix d'équilibre du marché, est appelée « rente différentielle ricardienne ». Le coût de développement couvrant par définition la rémunération des facteurs travail et capital utilisés pour trouver et exploiter les gisements, la rente différentielle rémunère la « qualité » relative d'un gisement donné en comparaison avec le gisement marginal. Si les gisements sont d'accès libre, cette rente revient à la firme qui les a trouvés et les exploite. Si les gisements sont appropriés et que les propriétaires mettent les firmes en concurrence pour leur en concéder l'exploitation, la rente différentielle revient aux propriétaires.

L'exercice de pouvoirs de marché

Imaginons que la recherche minière ait découvert d'importantes nouvelles réserves à coût de développement plus bas que celui des réserves existantes. Supposons pour simplifier qu'il n'y ait que deux propriétaires-exploitants de ces réserves. L'un possède des réserves à coût de développement élevé (c2), et l'autre des réserves à bas coût (c1). Les deux producteurs font face à une demande décroissant avec le prix.

Quel est leur intérêt bien compris ? Quelle est la décision de production de leurs réserves qui maximise leur profit ? Par exemple, les cinq pays producteurs de pétrole conventionnel du Moyen-Orient, dont le coût de développement est de l'ordre de 20 dollars par baril, ont-ils intérêt à « sortir » du marché les producteurs en mer profonde, à 60 dollars par baril, ou à leur laisser une place et bénéficier ainsi d'une forte rente différentielle ricardienne de 40 dollars par baril, avec certes une production réduite ?

La réponse est donnée par le modèle de duopole présenté dans l'encadré 2.

En bref, on montre qu'un producteur à bas coût peut avoir intérêt, dans certaines conditions d'écart de coût avec un autre producteur, à

Encadré 2. Exercice d'un pouvoir de marché dans un duopole de Cournot

Nous avons deux catégories de réserves, détenues par deux acteurs 1 et 2, dont les coûts (moyens et marginaux) de production sont c1 = 30 et c2 = 45, faisant face ensemble à une demande de la forme q = 120 – p, soit p = 120 – q, avec p = prix, q = demande.

Monopole

Considérons d'abord une situation de monopole où le producteur 1 est seul sur le marché.

Son profit $\pi 1$ est :

$\pi 1 = (p - c1).q = (120 - q - 30).q$.

Il est maximal pour q tel que $d(\pi 1)/dq = 0$, soit q = 45.

On a alors p = 75, $\pi 1$ = 2 025.

Remarquons que si nous avions une situation de concurrence entre plusieurs producteurs des réserves 1, ils vendraient à leur coût de 30 et leur production serait de 90 (lignes en pointillé sur la figure 7).

Figure 7. **Monopole de la firme 1**

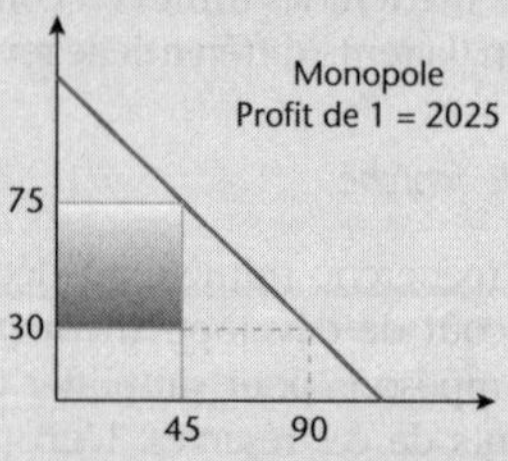

Duopole de Cournot

Il existe plusieurs modèles de duopole qui diffèrent par le comportement de chacun des acteurs. Nous nous limiterons au plus classique : le duopole de Cournot.

Considérons maintenant dans la figure 8 que, le producteur 1 ayant décidé de produire 45 en situation de monopole, le producteur 2, pour qui le prix de 75 est attrayant puisque son coût est de 45, décide d'entrer sur le marché. Sa production rentable maximum serait de 30, soit une production totale de 75 = 45 + 30, qui s'écoule au prix de 45, égal à son coût. Dans ce cas, le profit de 1 tomberait à 45 × (45 – 30), soit 675 (figure 8, à droite), et le producteur 2 couvrirait ses coûts (profit « normal »).

Le producteur 1 peut réagir à l'entrée du producteur 2 en produisant une quantité qui va faire « sortir » le producteur 2 du marché, une quantité telle qu'elle fasse descendre le prix juste au-dessous du coût du producteur 2 qui est de 45. Il produit donc 75 + ε, qui s'écoule à 45 – ε (figure 8, à gauche).

Figure 8. **Entrée et sortie de la firme 2**

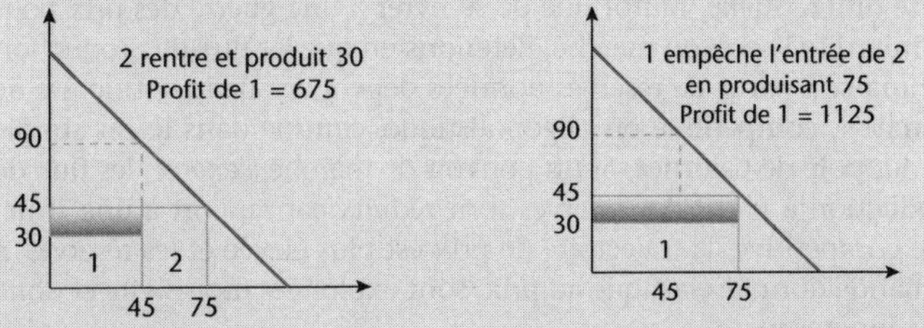

Mais il y a mieux à faire, pour tous les deux : que chacun offre la quantité qui maximise son profit en prenant comme donnée la production de l'autre (c'est l'hypothèse de comportement des acteurs dans le modèle de Cournot). On peut donc, pour chaque acteur, calculer sa courbe de réaction (CR), c'est-à-dire ce qu'il va offrir pour une production donnée de l'autre.

Soit q1 et q2 les productions respectives de 1 et 2 qui doivent respecter q1 + q2 = q = 120 – p ; soit p = 120 – (q1 + q2). La courbe de réaction du producteur 1 CR1 s'obtient en écrivant Max π1, q2 donné. Le maximum sera atteint lorsque q1 = (90 – q2)/2. De même, la courbe de réaction CR2 du producteur 2 est q2 = (75 – q1)/2. Ces deux courbes sont tracées sur la figure 9. Elles se croisent au point q1 = 35, q2 = 20. À ce point d'équilibre, on a p = 65 et le profit de 1 sera 1 225, supérieur donc au profit de la stratégie de guerre des prix et d'exclusion du producteur à coût plus élevé (figure 9, à droite).

Figure 9. **Duopole de Cournot**

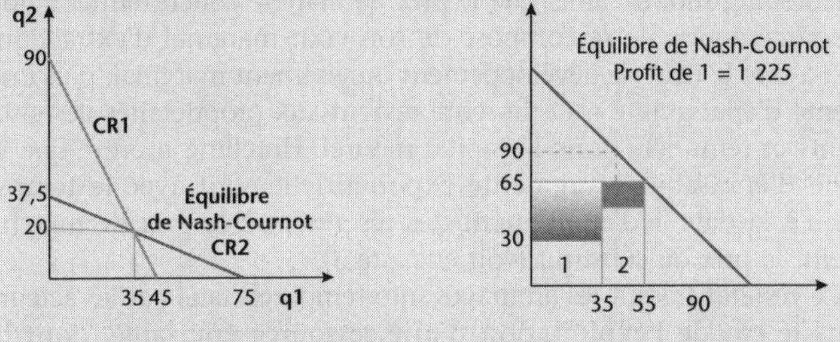

Ce point est qualifié d'équilibre de Nash-Cournot. En effet, c'est un point d'équilibre par construction. À ce point, aucun des deux acteurs n'a intérêt à modifier les quantités qu'il produit, compte tenu de ce que produit l'autre. En théorie des jeux, on appelle cette situation un équilibre de Nash. Le fait que les stratégies des acteurs soient des décisions de niveau de production (et non de prix, par exemple) a été étudié en premier par Cournot. D'où le nom d'équilibre de Nash-Cournot.

restreindre sa production pour le laisser entrer et bénéficier ainsi d'une rente différentielle, plutôt que de se livrer à une guerre des prix pour lui interdire l'accès au marché. Retenons-en que les flux de production optimaux à partir de réserves données dépendent de la « structure de marché », compétitive ou oligopolistique, comme dans le cas simple du duopole de Cournot. Si un pouvoir de marché s'exerce, les flux de production à partir des réserves sont réduits par rapport à une structure compétitive, la trajectoire de prix est plus élevée et les réserves, à demande donnée élastique au prix, sont exploitées moins vite et donc plus longtemps.

La rente d'épuisabilité de Hotelling

Nous avons supposé ci-dessus que l'accès aux gisements était libre pour des firmes privées en compétition. Introduisons les propriétaires des gisements qui sont, sauf aux États-Unis, les États. Harold Hotelling a posé en 1931 les bases d'un modèle économique d'exploitation d'une ressource épuisable où non seulement les firmes, mais aussi les détenteurs de gisement sont en compétition.

Les hypothèses de Hotelling sont les suivantes. Producteurs et propriétaires connaissent : 1) la courbe de coût de développement des réserves jusqu'au prix du substitut ; 2) la demande future et donc la date T d'épuisement des réserves ultimes et de passage au substitut.

Hotelling montre alors que le prix de marché concurrentiel d'une ressource épuisable se compose de son coût marginal d'extraction, c'est-à-dire le coût de développement du gisement marginal, plus une « rente d'épuisabilité ». Cette rente revient aux propriétaires des gisements et rémunère donc le capital naturel. Hotelling montre que la rente d'épuisabilité augmente exponentiellement avec le temps, jusqu'à la date T d'épuisement des réserves, où le prix de marché atteint le prix du substitut (voir encadré 3).

Ce résultat traduit les arbitrages intertemporels faits par les acteurs dans le cas de l'exploitation d'une ressource épuisable, dont la consommation d'une unité aujourd'hui implique l'impossibilité d'exploiter cette unité ultérieurement. L'idée forte de Hotelling est qu'un gisement exploitable constitue ainsi un « capital » et doit donc être rémunéré, si les acteurs sont rationnels et les marchés concurrentiels, au même taux que toutes les autres formes de capital, en particulier les actifs financiers. Le prix du gisement doit donc augmenter au taux d'intérêt des actifs financiers de même classe de risque.

Cependant, malgré sa grande élégance, cette règle est de peu d'importance pratique, car les acteurs, dans la réalité, ne connaissent

Encadré 3. La rente d'épuisabilité selon Hotelling

Tout détenteur de gisement peut à chaque instant t :

— soit le donner à exploiter aujourd'hui, au temps t, toucher la rente re(t) et placer cette rente sur les marchés financiers à un taux d'intérêt i. À la date T, ce placement vaudra : $re(t)e^{i(T-t)}$;

— soit attendre la date T où son gisement restera le dernier à exploiter, avant que l'on soit obligé de passer à un substitut (parce qu'on aura alors, par définition, « épuisé » les réserves à coût de production inférieur au substitut). Dans ce cas, le prix de marché en T sera ps, prix du substitut, et le détenteur du dernier gisement pourra en obtenir : ps – c (c étant le coût de développement du gisement).

À l'équilibre, exploiter tout de suite ou attendre doivent être deux options équivalentes, donc procurer en T la même somme.

Soit : $re(t)e^{i(T-t)} = ps - c$.

D'où : $re(t) = (ps - c)e^{i(T-t)}$.

La rente d'épuisabilité augmente donc exponentiellement au taux i jusqu'à la date T d'épuisement des réserves.

jamais la date T d'épuisement des réserves. En effet, nous l'avons dit, on ne connaît généralement pas, car personne n'a intérêt à le connaître prématurément, le volume des réserves « ultimes » à coût d'extraction inférieur au coût de production du substitut, ps. On ne connaît pas non plus la consommation future, qui permet de calculer la date T d'épuisement à partir du volume des réserves ultimes. Enfin, on ne connaît même pas le coût précis du substitut ps : puisqu'il n'est pas actuellement produit, on n'en a au mieux qu'une estimation sur la base d'installations pilotes. Aucun détenteur de gisement n'est donc en mesure de faire les calculs précédents pour savoir s'il doit donner son gisement à exploiter ou attendre.

En pratique, la rente d'épuisabilité, différence entre le prix de marché et le coût marginal de développement, dépend de la concurrence entre détenteurs des gisements marginaux, ceux dont le coût de développement est le plus élevé. Partout, sauf aux États-Unis, le propriétaire des ressources du sous-sol est l'État. Si les États propriétaires des gisements marginaux sont prêts à les donner à exploiter sans prélever de taxes autres que celles qui s'appliquent à une activité industrielle quelconque, donc s'ils renoncent à la rémunération de la ressource elle-même, par exemple parce qu'ils en attendent avant tout des créations d'emplois et des effets de développement local, alors la rente d'épuisabilité est nulle. En vérité, le détenteur du gisement marginal, sachant que le prochain dans la liste d'exploitation par coût croissant est un peu plus cher que lui, peut demander au moins la différence entre les deux. Seules comptent donc les rentes différentielles et la rente sur le gisement marginal, quand elle existe, est égale à la rente différentielle avec le prochain qui sera mis en production, avec le gisement encore en réserves qui deviendra le gisement marginal après lui.

La règle de Hotelling est en théorie vraie, mais n'est effective sur le comportement des acteurs et donc la formation des prix que si on l'applique au gisement « juste après » et non au substitut lointain. Point n'est alors besoin d'actualisation sur une longue période de durée en vérité inconnue, car on sait assez bien quand il faudra avoir recours au prochain gisement : quelques années tout au plus. Nous retrouverons au chapitre III l'importance, dans la formation des prix de marché, du coût de développement des « prochains gisements » : il donne le niveau autour duquel un oligopole peut tenter de « maîtriser » les prix de marché.

Conclusions

On peut conclure que le prix d'équilibre théorique de long terme est le coût de développement de la mine ou du gisement suivant immédiatement la mine marginale en exploitation, celle dont l'exploitation sera nécessaire pour satisfaire la moindre augmentation de la demande à ce prix.

L'évolution au cours du temps du prix d'équilibre théorique dépend : 1) de l'évolution de la demande dans le temps ; 2) de la déformation de la courbe d'offre de long terme sous l'effet (voir figure 10) :

— de nouvelles découvertes et de leur coût de développement ;
— du progrès technique et de ses effets sur les coûts et la demande ;
— de l'exercice d'un pouvoir de marché.

Tels sont les concepts et les modèles qui permettent de prévoir l'évolution à long terme du prix de marché d'une ressource épuisable. Récapitulons : il faut partir d'une évaluation des réserves par catégories de coût. Puis en déduire, pour les prochaines années, la courbe d'offre en tenant compte des contraintes sur les flux de production et des possibles exercices de pouvoir de marché « structurel ». La courbe d'offre de long terme n'est relativement bien connue que pour les n prochaines années, n étant donné par la date de l'épuisement des réserves connues. On a vu que n est fréquemment de l'ordre de trente ans ou plus. Au-delà de n, la courbe d'offre n'est qu'hypothétique. Par ailleurs, au-delà de trente ans, il est très hasardeux de prévoir le progrès technique et ses effets sur la courbe d'offre. Ce qui compte, c'est la pente de la courbe, autrement dit l'élasticité du volume des réserves V au coût limite c. La courbe sera très plate si le

Figure 10. **Évolutions de la courbe d'offre à long terme**

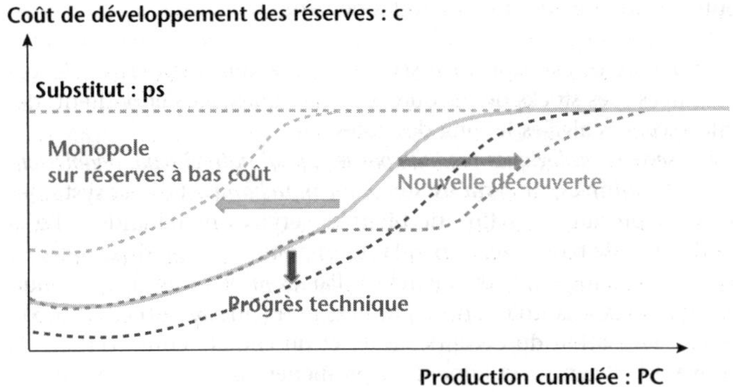

volume des réserves au prix actuel est important et si l'accès à ces réserves est libre. Elle sera croissante si les réserves à bas coût sont en voie d'épuisement et que les nouvelles ont des coûts rapidement croissants vers ceux des ressources puis du plus proche substitut. Ainsi se manifestent les effets combinés de la « rareté » des ressources et du progrès technique.

Les ressources renouvelables

Nous serons plus rapides dans l'examen des ressources renouvelables, d'abord parce que la dimension microéconomique de leur usage est bien traitée ailleurs [Rotillon, 2010]. Contentons-nous ici d'en rappeler les conclusions en faisant fonctionner les analogies avec les ressources épuisables.

Les caractéristiques des ressources renouvelables

Les ressources naturelles renouvelables possèdent diverses caractéristiques qui ont des implications fortes pour leur exploitation.

Une dynamique biologique et physique qui assure le renouvellement de la ressource. Un stock d'une ressource renouvelable donnée croît à un taux égal à la différence entre un taux de mortalité et un taux de natalité. Ce taux n'est généralement pas constant. Ainsi, une ressource renouvelable croît à un taux élevé lorsque la taille de la population est réduite, et à un taux faible lorsque la population est grande, car une population réduite disposera en effet de plus de nourriture et de meilleures conditions pour son développement.

Une dynamique non linéaire, avec des possibilités d'effets de seuil. De nombreux exemples illustrent le caractère capricieux de ces ressources : les stocks de ressources halieutiques qui s'effondrent, des efflorescences algales le long des côtes, etc.

Les services écologiques produits par le capital naturel renouvelable sont souvent multiples, et certains sont non marchands. Les écosystèmes peuvent produire des flux de biens et services marchands, telle la production de biomasse. Cependant, un grand nombre de services ne sont pas échangés sur des marchés. Par exemple, une forêt produit de nombreux flux utiles : bois, produits non ligneux, accueil de biodiversité, régulation du cycle des eaux et du climat ; enfin, certains la trouvent belle en soi et aiment s'y promener ou y vivre. Il faut donc, quand on exploite un flux, être attentif aux effets que cela peut avoir sur les autres flux, qui, s'ils ne sont pas valorisés par un marché, constituent des externalités positives (comme les biens publics gratuits que fournit un écosystème) ou négatives (comme des pollutions qui engendrent des coûts non supportés par ceux qui les engendrent). Quand un écosystème produit à la fois des flux de services marchands et non marchands, cela peut entraîner une gestion biaisée en défaveur de certains services.

Des modes de propriété fréquemment flous et donc des conflits d'usage fréquents. Les ressources naturelles peuvent être des biens privés, collectifs (*commons* en anglais) ou des biens publics. Cela varie en fonction du service rendu et de l'échelle d'analyse (locale *versus* globale) et influence les outils de gouvernance adéquats de ces ressources. Il existe ainsi un ensemble diversifié de règles de gestion, tant formelles qu'informelles. Ces règles vont du droit de propriété sur la ressource au droit d'usage, en passant par le droit d'accès, etc. Elles engendrent un ensemble d'institutions, destinées à les concevoir et les faire appliquer, dont les périmètres sont souvent mal définis. Il existe donc fréquemment des conflits d'usage, liés au caractère multifonctionnel de ce capital naturel (compétition pour les différents usages) et à la faiblesse des capacités de gouvernance.

Ressources et stocks utiles

Les ressources doivent être inventoriées et évaluées avant de se transformer en stocks utiles de capital naturel. Une caractéristique des ressources renouvelables est qu'elles sont beaucoup plus difficiles à connaître, car ce sont des systèmes complexes. On connaît encore mal les capacités de traitement des déchets et la manière dont les écosystèmes réagissent à des flux de déchets. Le passage des stocks de ressources, dont beaucoup sont non seulement hypothétiques mais mal connus, à des stocks utiles exige des investissements, comme dans le cas des ressources épuisables. Le capital naturel renouvelable est déjà en partie « produit ». C'est en particulier le cas des terres agricoles, dont le sol constitue un stock utile renouvelable une fois qu'il a été défriché, drainé, amendé et éventuellement irrigué.

Transformation des stocks utiles en flux de biens et services

C'est là que se manifestent les particularités des ressources naturelles. Les écosystèmes vivants se caractérisent par un taux de « prélèvement (ou rejet) maximum soutenable ». C'est le prélèvement maximum que la dynamique naturelle du stock utile parvient à compenser exactement, laissant ainsi le stock constant. Sur cette base biologique, le comportement microéconomique d'un producteur propriétaire de la ressource permet de déterminer le flux de production optimum, celui qui maximise dans le temps la valeur du flux de biens et services issus du stock. Ceci suppose généralement que l'exploitant entretienne le stock et ne se livre pas à des prélèvements destructeurs. Le taux de prélèvement économique optimal peut avoir un profil différent de celui du taux biologique soutenable maximal. Ceci vaut pour les ressources que l'on se contente de prélever : ressources halieutiques et forêts primaires, par exemple.

Dans le cas des ressources cultivées, tels les sols agricoles, les fermes d'aquaculture et les forêts plantées, la productivité « naturelle » de la ressource peut être améliorée par des travaux. En agriculture : irrigation, apports de fertilisants, de pesticides... Ici encore, il existe un optimum économique, car les rendements de l'intensification de la production par hectare sont décroissants. Par exemple, au-delà d'un certain niveau d'engrais, la production n'augmente plus et les engrais en excès polluent. Compte tenu du prix du blé et des engrais, on peut calculer le taux de fertilisation qui donne le rendement optimal, rendement privé ou social selon qu'on ignore ou pas le coût de la pollution.

On montre, dans le cas d'une ressource en accès libre, que l'exploitation est plus intense que dans le cas d'une ressource gérée par un propriétaire unique. La surexploitation de ces ressources, quand elle se produit, est donc liée à l'absence de droits de propriété clairement définis. Si une ressource renouvelable produisant des flux de substances utiles et commercialisables est d'accès libre, l'intérêt privé de chacun des acteurs est de continuer à produire jusqu'à épuisement de la ressource. Ce phénomène, appelé la « tragédie des biens communs » par Hardin [1968], mais qu'il vaut mieux appeler « tragédie de l'accès libre », a une solution simple. Il « suffit » d'établir un droit de propriété sur la ressource. Remarquons que ce droit de propriété n'a pas besoin d'être individuel (comme dans le cas de l'attribution de quotas de pêche individuels transférables, tel que cela existe en Islande ou en Nouvelle-Zélande), il peut être donné par exemple à une association de pêcheurs, qui trouve alors intérêt à s'autodiscipliner, à se placer collectivement au taux d'exploitation optimal et à partager ce taux entre les membres.

La littérature sur l'efficacité des modes de gestion collective des ressources naturelles est abondante, notamment dans les domaines des sciences de gestion, de la sociologie des organisations et de l'économie institutionnelle [Olson, 1978 ; Ostrom, 1990]. Différents facteurs améliorent l'efficacité de la gestion, par exemple : un faible nombre d'usagers, un haut niveau de dépendance à la ressource, de faibles coûts de contrôle, des règles de sanction bien établies. Les relations entre ces différents facteurs restent cependant mal connues et il n'existe que peu de modèles génériques explicitant ces relations.

Rentes ricardiennes et prix d'équilibre théorique

Même exploitées à leur optimum économique et produisant des flux soutenables, les ressources renouvelables n'offrent pas, pour le même service productif, les mêmes coûts de production. Elles sont diversement « naturellement » productives. Cela donne lieu à des rentes différentielles ricardiennes irréductibles (c'est David Ricardo qui a introduit le concept de rente différentielle pour les terres agricoles et l'a ensuite étendu aux mines), définies, comme dans le cas des mines, par les différences entre le coût de production d'une ressource donnée et le coût de production de la ressource marginale en exploitation.

Le prix d'équilibre théorique d'un marché compétitif est ainsi le coût de production de la ressource marginale : la terre, la forêt, la zone de pêche, que la demande à ce prix exige qu'on exploite pour être satisfaite. Les ressources naturelles, même si elles ne sont pas bien connues avant d'être exploitées, sont néanmoins « visibles ». S'il est toujours nécessaire de les évaluer, on n'a généralement pas besoin de les découvrir, contrairement aux gisements. On peut ainsi les évaluer par comparaison avec celles qui sont déjà exploitées. On peut donc les supposer exploitées par coût de développement croissant, donc avec des rendements décroissants. Sauf progrès technique plus rapide que la décroissance des rendements « naturels », le prix d'équilibre théorique d'une commodité issue des ressources renouvelables est condamné à croître. C'est, comme nous l'avons dit en introduction, ce qui expliquait le pessimisme de Malthus.

Si les marchés des commodités et services ainsi que ceux des ressources sont compétitifs, les rentes différentielles reviennent aux détenteurs des droits d'exploiter les ressources : propriétaires du sol, des forêts, des droits de pêche, des chutes d'eau… Les rentes différentielles sont considérables dans l'agriculture. Sur les marchés d'un même produit, on trouvera d'un côté des industriels de l'agriculture qui obtiennent bien plus que le profit moyen en raison de la « qualité » de leur terre et d'une optimisation de sa production, de l'autre des paysans très pauvres, qui survivent sur les terres marginales où la rente est nulle, voire négative s'ils acceptent de travailler pour un revenu inférieur à ce qu'ils pourraient obtenir ailleurs. D'où un mouvement constant de concentration dans la paysannerie, avec, d'un côté, augmentation des surfaces et intensification des rendements source de rentes et, de l'autre, élimination des paysans pauvres, dont le maigre capital naturel est racheté à bas prix par les gros propriétaires ou retourne à l'état de ressource inexploitée.

Le prix du droit de propriété sur les ressources, c'est-à-dire du droit de les exploiter (ou de les donner à exploiter), est la capitalisation des rentes différentielles à venir, avec un taux d'actualisation égal au rendement moyen des activités de même classe de risque que l'agriculture. Sur les ressources marginales, pas de rente ricardienne par définition, donc le prix de la ressource marginale est normalement nul. Cependant, comme pour les gisements épuisables, le propriétaire de la terre marginale peut demander au moins la rente différentielle avec la prochaine terre qui devra être mise en exploitation pour satisfaire la croissance de la demande. Si l'accès à des terres aussi pauvres que la sienne est libre, cette rente est nulle et, par conséquent, le prix de la terre est nul.

Quant au pouvoir de monopole, il n'existe pas au niveau de la production agricole, dont la forme dominante est la propriété familiale. Les marchés de commodités agricoles sont donc en général compétitifs et, de ce fait, fluctuants (nous le verrons au chapitre III). En revanche, des oligopoles existent en amont, dans la production de semences hybrides et modifiées en particulier, et des oligopsones existent en aval, dans la commercialisation. Ces monopoles ponctionnent une partie des rentes différentielles allant normalement aux fermiers.

La gestion des externalités liées à l'utilisation des ressources naturelles

Une caractéristique importante du capital naturel, tout particulièrement renouvelable, est, on l'a dit, l'omniprésence d'externalités entre les différents éléments de ce capital, et entre eux et les autres capitaux. Le capital renouvelable peut être dégradé par les pollutions venant de l'activité productive au sens large, tels les rejets de déchets de toutes sortes. La théorie économique a une réponse simple aux problèmes d'externalités, négatives comme les pollutions ou positives comme les services environnementaux gratuits. Il « suffit » de les « internaliser », par une intervention étatique ou collective qui donne un coût à l'acte de polluer ou à la destruction d'un flux utile gratuit. Par exemple, puisque l'usage des combustibles fossiles engendre des émissions de CO_2 qui dégradent le climat, il « suffit de taxer » ces émissions. Cela augmentera le coût des combustibles fossiles, et ceux-ci seront plus rapidement remplacés par leurs substituts renouvelables qui n'émettent pas de CO_2. L'intégration des externalités environnementales, si elle n'est pas déjà faite ou si les externalités sont fortement réévaluées, est donc un facteur potentiellement important du prix d'équilibre de long terme d'une commodité.

Un problème de « soutenabilité » reste cependant en suspens, celui de l'équité intergénérationnelle de l'exploitation du capital naturel.

Ressources naturelles et équité intergénérationnelle

Si nous prenons en compte cette fois non pas la rationalité de la génération actuelle, mais les intérêts des générations futures (intérêts supposés puisqu'elles ne sont pas là pour les exprimer), comment se repose le problème ? De quelles ressources pouvons-nous disposer aujourd'hui ? Quelles ressources faut-il particulièrement protéger pour les générations futures ?

Si l'on avait un taux d'actualisation utilisable sur très longue période, sur plusieurs générations, on pourrait comparer les coûts d'une action actuelle sur le capital naturel et les bénéfices qu'elle apporterait aux générations futures, et tenter ainsi une analyse strictement économique des questions précédentes. Un tel taux ne peut se constater sur les marchés financiers, leur horizon ne dépassant pas trente ans. Il suffit ici de dire qu'aucun raisonnement économique ne prescrit un tel taux d'actualisation [Stern, 2006]. Son choix implique une norme extra-économique. Si l'on tient à faire des calculs, il faut préciser ce choix, et les résultats en dépendent entièrement. De plus, ces calculs sont fort approximatifs, compte tenu de l'imprécision des données et de l'impossibilité de prévoir et le progrès technique au-delà de trente ans et l'évolution des mœurs. Mais ils sont utiles s'il s'agit de sensibiliser l'opinion sur les ordres de grandeur et l'urgence de l'action [Stern, 2006].

Une réflexion sur l'« équité » en matière de capital naturel exige donc d'abord un critère d'équité intergénérationnelle. Il consiste à donner une réponse pratique à la question : comment devons-nous traiter les générations à venir ? Nous pouvons décider de les ignorer : « Après nous le déluge. » Nous pouvons considérer que l'essentiel est de leur transmettre une capacité technique fortement améliorée de manière à ce qu'elles puissent faire face à toute éventuelle dégradation de capital naturel en fonction de leurs propres intérêts et besoins, et sans préjuger de ceux-ci. C'est faire une hypothèse de forte substituabilité entre capital naturel et autres formes de capitaux : nous nous permettrions de consommer une grande quantité de capital naturel, à condition de transférer une plus grande quantité de capital humain et social, qui permettra aux générations futures de faire face à un capital naturel réduit. On peut enfin décider d'être beaucoup plus « conservateur » et, à l'extrême, aller jusqu'à vouloir transmettre aux générations futures une nature intacte par rapport à celle que nous avons nous-mêmes reçue, voire une nature améliorée pour racheter les péchés de nos ancêtres trop insouciants. Toutes les positions intermédiaires sont bien entendu possibles.

Enfin, et c'est là l'essentiel, le choix d'une norme d'équité intergénérationnelle ne peut pas être disjoint du choix d'une norme d'équité intragénérationnelle qui, elle, va décider de la répartition, au sein de la génération présente, de l'effort à faire pour tenir compte des générations futures. On conçoit même que cette question d'équité intragénérationnelle est première, puisque c'est elle qui va décider de l'intensité politiquement acceptable des sacrifices que va consentir la génération actuelle pour les générations futures. On peut considérer que c'est un désaccord sur le choix de la norme d'équité intragénérationnelle, ainsi que sur le partage du fardeau si tant est qu'on soit parvenu à s'entendre sur le fardeau à partager, qui bloque aujourd'hui la négociation sur le climat.

Nous avons dans ce chapitre défini les prix d'équilibre théoriques de marchés compétitifs de commodités minérales et issues de ressources renouvelables. Nous verrons aux chapitres suivants pourquoi et comment les prix de marché fluctuent autour de cet équilibre théorique, si les marchés dérivés et la spéculation amplifient ces fluctuations, et ce que l'on peut faire pour les atténuer.

III / Dynamique des prix de marchés des commodités

Aucun marché ne délivre le prix d'équilibre théorique d'une commodité. Les prix se forment, au jour le jour, par confrontation d'offres et de demandes de stocks de commodités, des stocks alimentés par les flux de production et vidés par les flux de consommation. Cette confrontation a lieu sur des marchés qu'il convient, pour commencer, de définir et de décrire. Puis nous verrons pourquoi les prix de marché fluctuent autour du prix d'équilibre théorique, plus ou moins amplement selon les structures de marché.

Les marchés de commodités : diversité et unité des prix

Diversité des prix

Alors que nous avons caractérisé les produits de base comme étant pour la plupart des commodités, pour lesquelles existe un prix mondial unique, un observateur non familier des marchés sera au contraire frappé par l'existence simultanée d'une grande variété de prix pour un même produit.

Ainsi, pour une matière première minérale, il observera des prix « spot » pour des cargaisons entières et des prix de contrat, des prix producteurs et des prix dits de marché libre, des prix de Bourse de commerce au comptant et des prix à terme. Pour une matière première agricole, il entendra parler de prix garantis au producteur, de restitution à l'exportation, de prix de marché libre, de prix national et de prix international, également de prix de Bourse au comptant et à terme.

Cette diversité de prix s'organise en fait autour de cinq dimensions :

— *l'espace* : les prix varient d'abord en raison de différences de coûts de transport à partir des régions productrices ou des ports. D'autre part, malgré une tendance à l'internationalisation des marchés, certains États protègent solidement leur marché national. Il existe alors des différences, qui peuvent être importantes, entre les prix intérieurs dans ces pays et les prix internationaux. Sauf exception lors des brèves mais brutales flambées des cours internationaux, les prix intérieurs de ces agricultures protégées sont naturellement supérieurs à ces derniers ;

— *la qualité* : les prix diffèrent évidemment, pour une même famille de produits, en fonction de la qualité — variétés de blé ou de maïs, pétroles bruts plus ou moins « légers » ou chargés en soufre, charbons de pouvoir calorifique variable, lingots de métaux de degré de pureté différent. Mais, dans la plupart des cas, il existe une qualité de référence, et les prix des autres sont déterminés par des « primes », positives ou négatives, à partir de la qualité de référence. Ceci s'étend, au-delà des variations de qualité d'un même produit, à des produits différents mais facilement substituables, tels les oléoprotéagineux ;

— *le temps* : à chaque instant, des prix se forment non seulement pour livraison immédiate, mais aussi pour livraison différée, jusqu'à plusieurs mois à l'avance. De plus, les marchés à terme (que nous décrirons plus bas) fixent des prix futurs sur plusieurs échéances, sans que pour autant les transactions qui déterminent ces prix se concluent par un échange de marchandise ;

— *le volume et la régularité* : bien que le commerce de « détail » ne soit évidemment pas pratiqué pour les produits de base, un consommateur n'obtiendra en général pas le même prix pour une cargaison unique — achetée « spot » —, avec laquelle il complète son approvisionnement en cas de besoin, et pour un contrat d'un an qui prévoit des livraisons mensuelles régulières. Le prix spot n'est d'ailleurs pas toujours le plus élevé : si le marché est excédentaire et si les producteurs cherchent à brader des tonnages marginaux, ce sera le contraire ;

— *l'identité des contractants et la nature des contrats* : certains types de contrats font l'objet de prix particuliers. Cela existe entre industriels qui trouvent parfois un intérêt essentiel à lisser les fluctuations du marché. Mais c'est surtout le cas des contrats d'État à État, avec les cas extrêmes que sont l'aide alimentaire et le troc (il est alors fort difficile de déterminer les prix, par exemple lors d'un échange d'avions de combat contre du pétrole brut, ou de la construction d'un chemin de fer contre le minerai qu'il exporte). Même lorsqu'il s'agit de contrats entre États de nature purement commerciale et faisant référence à un prix international reconnu, des conditions de financement particulières modifient souvent le prix réel.

Malgré cette diversité, il existe presque toujours, en tout cas pour les grandes matières premières, « un » prix mondial de référence. Les autres prix lui sont liés de façon d'autant plus solide que le marché mondial n'est pas cloisonné par les États et que ceux-ci interviennent peu dans le commerce international. Ce prix mondial se forme selon diverses modalités qui dépendent, pour l'essentiel, de la nature des produits et des structures de production et de commercialisation. Quelles sont ces modalités, et dans quelle mesure le prix mondial l'est-il effectivement, c'est-à-dire commande-t-il étroitement les autres prix ? C'est ce que nous allons examiner dans cette section.

Qu'est-ce qu'un « marché » de matières premières ?

Auparavant, il convient de préciser ce que sont les « marchés » de matières premières. Le terme évoque un lieu, une enceinte plutôt, où se retrouvent périodiquement vendeurs et acheteurs de gros pour confronter offres et demandes, et aboutir par un processus itératif convergent à un prix. De tels marchés existent encore à l'échelon local : les marchés de poisson à la criée dans les grands ports de pêche ou les marchés au « cadran » du porc et des choux-fleurs en Bretagne. Ce mode de fonctionnement est également celui des Bourses de valeurs mobilières où, autour de la « corbeille » (en fait, par ordinateur désormais), un petit nombre d'intermédiaires agréés fixent le prix par confrontation de l'offre et de la demande. Sur le plan mondial, de tels marchés n'existent plus pour les grandes matières premières, à l'exception notable des marchés à terme. Cependant, sur ceux-ci, ce ne sont pas des matières premières qu'on échange, mais des contrats, du papier. Ce sont en fait des marchés financiers — nous allons y venir.

Des marchés physiques de matière première d'importance mondiale ont existé dans l'histoire : par exemple, la Bourse du coton de Liverpool fondée en 1842. Mais, aujourd'hui, sauf exception, ils se sont délocalisés : un marché physique est désormais un réseau dont les nœuds sont les sièges et les agences locales des grands négociants, producteurs et consommateurs reliés par Internet et téléphone. Ces réseaux couvrent la planète, avec évidemment des concentrations particulières de nœuds dans les grandes régions productrices, dans les grands pays consommateurs et auprès des principales places financières. Par ces réseaux se prennent une multitude de contacts bilatéraux entre vendeurs et acheteurs. Mais il n'existe pas de commissaire-priseur walrasien, qui confronterait à chaque instant l'ensemble des offres et des demandes pour déterminer le prix ! Acheteurs et vendeurs prennent la décision d'accepter ou de refuser une offre particulière, donc de contracter, sur la base des informations qui circulent en permanence dans le réseau. Ces informations portent sur la production, la consommation, les incidents les affectant et sur les prix pratiqués dans les transactions antérieures. Parmi ceux-ci, l'un d'eux a une importance particulière, c'est le prix de référence dont nous parlions plus haut. Il se forme dans une partie du réseau, selon des modalités spécifiques, mais il influence l'ensemble des transactions.

On peut classer ces modes de formation du prix mondial de référence selon cinq grands types, ici rangés selon le degré d'organisation et de centralisation croissantes : les marchés « inorganisés », les prix négociés, les prix producteurs, les ventes aux enchères et les prix de Bourse.

Les marchés inorganisés

L'expression *marchés « inorganisés »* est impropre, car tout marché est organisé, mais cela signifie simplement que ces marchés n'ont ni localisation bien précise, ni pratiques commerciales bien stabilisées, ni la transparence et la publicité des prix qui caractérisent les autres formes de marchés. Au sein du réseau qu'est le marché mondial, un sous-ensemble aux frontières mouvantes, constitué des gros négociants et des principaux opérateurs industriels, constitue le « lieu » où s'expriment les déséquilibres entre offre et demande. Une moyenne ou une fourchette des prix pratiqués dans les transactions qui s'effectuent entre eux est alors publiée soit par des journaux spécialisés, comme le *Metal Bulletin*, soit par des experts indépendants, tel Platts. Ces experts interrogent les acteurs de marché, enregistrent leurs déclarations concernant les contrats qu'ils ont passés, dont ils préservent le caractère de secret commercial, et publient un « indice » de prix, qui, à leurs yeux, reflète au mieux la réalité des transactions observées. C'est cet indice qui sert de référence aux autres transactions. Quand un tel indice est largement utilisé, on peut voir se développer des instruments dérivés fondés sur lui (voir chapitre IV).

La non-transparence de ce mode de fixation des prix permet aux courtiers de conserver un rôle sur ces marchés. À la différence du négociant qui achète, transporte et revend, le courtier se contente de rassembler le maximum d'informations sur le marché et de mettre en rapport, moyennant commission, un vendeur et un acheteur. Ce métier devient inutile avec les marchés à terme, qui, on le verra, concentrent dans un prix public toute l'information utile, mais il reste nécessaire dans les marchés « inorganisés » : l'information, pour ceux qui n'en sont pas à la source, conserve un prix. Les courtiers la collectent et la vendent.

Les matières premières concernées sont, dans le domaine agricole : le riz (dont le marché international est très étroit par rapport à la production mondiale), la viande et les produits laitiers (il existe aux États-Unis des marchés à terme pour la viande bovine et porcine sur pied et congelée, mais ils n'ont qu'une influence nationale), et de nombreux produits d'importance secondaire ; dans le domaine minier : de nombreux « petits » métaux.

Il ne fait pas de doute que, lorsque ces marchés inorganisés sont le mode unique de formation des prix, la situation des petits producteurs et des consommateurs dépourvus de pouvoir de négociation est inconfortable : ils sont les victimes désignées des abus de position dominante, ne pouvant généralement pas vraiment savoir si le prix qu'ils ont obtenu est, dans la conjoncture, favorable ou défavorable. De ce point de vue, les Bourses avec marchés à terme sont incontestablement un progrès. Mais, si des marchés inorganisés perdurent, même pour des produits aussi importants dans le commerce mondial que le riz, la viande et les produits laitiers, c'est que les conditions techniques, économiques (diversité des qualités) et/ou politiques (cloisonnement des marchés) ne sont pas réunies pour que réussissent des marchés à terme.

Les prix négociés

Ce mode de formation des prix concerne des matières premières qui possèdent les caractéristiques suivantes. D'abord, elles ne sont pas standardisées : la marque de leur origine naturelle reste présente dans la forme sous laquelle elles sont commercialisées. Ensuite, non seulement les producteurs, mais également les consommateurs sont assez peu nombreux. Chaque consommateur a donc un petit nombre de fournisseurs, des installations adaptées à la qualité particulière de leurs produits, ce qui rend coûteux d'en changer souvent. Et chaque producteur n'a qu'un petit nombre de gros clients qu'il connaît bien.

Dans ces conditions, les prix sont directement négociés entre producteurs et consommateurs. C'est ainsi que fonctionnent les marchés du minerai de fer et du manganèse, des charbons, des minerais de phosphate et de potasse, c'est-à-dire en fait des matières premières minérales qui sont exportées brutes — pétrole et gaz exceptés — et qui représentent les tonnages les plus importants dans le commerce mondial des minerais solides. Les clients sont ainsi les entreprises sidérurgiques, les compagnies électriques, les producteurs d'engrais, tous de très grandes sociétés qui achètent annuellement de plusieurs centaines de milliers à plusieurs millions de tonnes à chacun de leurs fournisseurs (moins d'une dizaine dans la plupart des cas).

C'est également comme cela que fonctionne le marché des grumes de bois. Dans les années 1990, les contrats étaient souvent annuels, fixant le prix pour toutes les livraisons de l'année suivante.

La durée des contrats, en particulier depuis les hausses des années 2000, s'est fortement raccourcie : trois mois, voire un mois. Des indices de prix des contrats reflétant les transactions entre les principaux vendeurs et/ou acheteurs en un point de livraison spécifié, par exemple un grand port chinois, sont publiés par des experts spécialisés et servent de référence à la plupart des contrats. Ces publications permettent dans certains cas le développement de contrats à terme sur ces indices.

Les prix producteurs

Ce mode de fixation des prix est très simple : les principaux producteurs et même, dans la plupart des cas, le principal producteur fixent les prix et s'engagent à satisfaire la demande adressée à eux à ce prix. L'ensemble des autres producteurs s'alignent sur ce prix. L'existence d'un prix producteur est le signe d'une organisation oligopolistique de l'offre et d'une convergence d'intérêts entre la grande majorité des acteurs, producteurs et consommateurs. Cette convergence se fait d'abord sur la stabilité des prix. Les prix producteurs sont en effet plus stables que les prix de Bourse. Ils ne sont modifiés, en période normale, que deux ou trois fois par an pour tenir compte des évolutions du marché. Quant à leur niveau, il doit, pour être stable et tenable, être fixé au coût de développement des réserves qu'il faut mettre en production pour satisfaire l'augmentation de la demande.

Un système de prix producteur exige donc que l'offre soit concentrée entre un petit nombre d'acteurs ayant un comportement relativement homogène. C'est pourquoi on le rencontre surtout dans le domaine minier et pétrolier. On ne trouve guère de marchés de matières premières minérales qui, à un moment ou à un autre de leur histoire, n'aient pas connu ce système. Dans les années 1970, il s'appliquait aux produits suivants : l'aluminium (prix fixé par Alcan, pour le monde, et par Alcoa, aux États-Unis), le nickel (Inco, Canada), le molybdène (Amax, États-Unis), le platine (Rustenburg, Afrique du Sud), le cobalt (Gécamines, Zaïre, et ZCCM, Zambie) ; zinc (existence d'un prix producteur européen, en parallèle avec la cotation sur le LME), vanadium (Highweld et Union Carbide). Aux États-Unis, le régime des prix producteurs s'appliquait de plus aux autres métaux non ferreux : cuivre, plomb, zinc. Il faut également mentionner le diamant, mais aussi le niobium (dont la compagnie brésilienne CBMM dispose de l'essentiel des réserves mondiales) et le béryllium, pour lesquels on a pratiquement affaire à des monopoles. Enfin, naturellement, le pétrole fut dans ce cas des années 1930 à 1980. D'un prix producteur fixé par les compagnies, on est passé, en 1971, à un prix fixé par l'OPEP, puis, à partir des années 1980, par des Bourses. Les prix de Bourse de deux variétés de pétrole avec instruments dérivés, le *brent* (mer du Nord) et le WTI (Texas), sont devenus les références mondiales dans les années 1980. Dans le domaine des produits agricoles, le système s'applique à la pâte à papier, mais aussi aux produits laitiers.

Un phénomène majeur à partir des années 1980 sur tous ces marchés a été l'affaiblissement du rôle des prix producteurs et même, dans certains cas — et non des moindres : pétrole, aluminium, nickel —, leur disparition sous l'effet de la modification de la structure de l'industrie et du passage d'une « concurrence très maîtrisée » à une plus vive compétition.

Les prix de Bourse

Une Bourse de commodités est une institution qui organise une confrontation des offres et des demandes, fixe un prix d'équilibre issu de cette confrontation et se porte généralement contrepartie des vendeurs et des acheteurs (elle achète et revend la totalité de ce qui est offert et demandé au prix d'équilibre). Une Bourse possède généralement un ou plusieurs entrepôts où les commodités effectivement échangées par la Bourse sont livrables. La Bourse recueille les offres de vente et d'achat, exprimées par des couples (quantités ; prix) d'une qualité spécifiée de la commodité, pour livraison à une date spécifiée. Elle construit ainsi une courbe d'offre de vente et une courbe d'offre d'achat, dont le croisement donne le prix d'équilibre, prix auquel les quantités offertes à la vente et à l'achat sont égales.

En pratique, les quantités d'une commodité effectivement échangées sur une Bourse ne représentent que quelques pourcents du commerce mondial. Néanmoins, ce prix constitue une référence pour l'ensemble des acteurs et, tous les vendeurs et tous les acheteurs étant libres de se porter sur la Bourse, il représente effectivement le prix d'équilibre du marché dans son ensemble.

La plupart des Bourses de commodités organisent aussi des marchés à terme. Quand ceux-ci sont suffisamment développés, c'est le prix à terme de l'échéance la plus rapprochée (*nearby* en anglais, un mois par exemple) qui devient le prix mondial de référence utilisé dans les contrats commerciaux. Compte tenu de leur importance, nous reviendrons dans le chapitre IV sur les marchés à terme.

Les ventes aux enchères

Parmi les modes de fixation des prix qui ne relèvent pas des quatre catégories précédentes, on trouve essentiellement les ventes aux enchères. Très utilisées pour les épices à l'époque mercantiliste, elles concernent aujourd'hui des produits pour lesquels la qualité est essentielle dans la formation du prix. On ne peut donc pas en réalité parler de « commodités ». Une vente aux enchères permet en effet d'écouler des lots de produits de qualité spécifique et de faire révéler aux acheteurs leur « consentement à payer » pour cette qualité. On peut ainsi considérer que chaque vendeur est en situation de monopole : les lots qu'il vend ne sont semblables à aucun autre, et la vente aux enchères lui permet de trouver le consommateur qui en valorisera au mieux la spécificité. L'ensemble des vendeurs constituent donc un ensemble de « monopoles différenciés ». Sur le plan mondial, les principales ventes aux enchères sont celles du thé à Londres, des grands vins en France et de la laine en Australie et en Nouvelle-Zélande (mais il existe aussi un marché à terme pour la laine à Sydney). Les ventes d'étain à Penang, en Malaisie, peuvent être considérées comme un système d'enchères, puisque des offres cachetées sont faites pour l'achat de la production des raffineries, qui sont honorées par ordre de prix décroissant.

Le système des prix mondiaux

Ce qui précède avait pour but de montrer comment, derrière la grande diversité apparente des prix, existaient, dans les réseaux que constituent les marchés de matières premières, des modes spécifiques de formation de ce que nous avons appelé les prix de référence mondiaux. Les autres prix sont rattachés à ce prix de référence par des liens qui prennent en compte les différences de qualité, géographiques, temporelles et de nature des contrats commerciaux. Ces liens sont cependant plus ou moins étroits. Pour utiliser une image : ce sont des élastiques plus ou moins tendus.

L'essentiel des cloisonnements des marchés mondiaux qui limitent l'influence et la pertinence du prix mondial sont introduits par les États et concernent avant tout les produits agricoles de base : céréales, sucre, viandes et produits laitiers. Les mesures de protection des agricultures, garantissant un prix minimal à la production (ou la subventionnant), isolent les marchés nationaux du marché mondial par des systèmes parfois complexes, mais dont le principe général est de taxer les importations et de subventionner les exportations d'excédents.

Structure de marché et mode de formation des prix

Il n'existe pas de relation bi-univoque entre structure de marché, c'est-à-dire nombre de vendeurs et d'acheteurs, et mode de formation des prix, mais, comme nous l'avons vu, certains modes de formation du prix de référence, tels que les prix producteurs ou les enchères, correspondent à des structures de marché particulières. Le tableau 1 résume les liens entre les deux.

Tableau 1. **Structure de marché et mode de formation des prix**

Structure de marché	Mode de formation des prix
Compétitif	Prix de Bourse. Marchés inorganisés.
Oligopole avec frange compétitive	Prix producteur. Prix de Bourse (avec existence d'un pouvoir de marché). Marchés inorganisés (avec existence d'un pouvoir de marché).
Oligopole-oligopsone	Prix négociés.
Monopoles différenciés	Enchères.

L'analyse de « court terme » des marchés de commodités

On appellera *court terme* la période nécessaire au développement de nouvelles capacités de production. À « court terme », les moyens de production (surfaces plantées ou ensemencées, mines, puits et usines) sont donc fixes. Ou plutôt, ils sont connus avec certitude : on connaît la capacité de ceux qui produisent déjà et de ceux dont le développement est planifié pendant la période. Les capacités de production disponibles et donc la production maximale de cette période sont des données de l'analyse.

La période la plus courte en agriculture est de quelques mois, entre les semis et les récoltes. Durant cette période, les surfaces semées sont connues, la récolte ne dépendra que du climat et des maladies. Le court terme est de quelques années pour les plantations et l'élevage : le temps que les nouvelles plantations et les animaux nouveau-nés entrent en production. Pour les autres secteurs de l'industrie primaire, le court terme est le délai, variable, de développement de nouveaux moyens de production : flottes de pêche, mines, champs pétroliers et gaziers, usines de traitement et de raffinage et moyens logistiques, chemins de fer, ports. Quelques années en général.

Deux concepts de coûts sont fondamentaux pour l'analyse de court terme de tout marché de commodité : le *cash cost* des unités en cours de production et le coût de développement des nouvelles unités de production, prêtes à être lancées.

Cash cost *et coût de développement*

Pour définir ces coûts, référons-nous à Claude Riveline [2005] qui définit le coût comme celui d'une décision. Deux décisions sont importantes pour l'évolution de l'offre : fermer ou rouvrir une capacité de production existante, lancer une extension de capacité. Le *cash cost* est, pour chaque unité de production existante, le prix qui déclenche la décision de fermeture/ouverture, de retrait du marché avec mise sous cocon des unités de production/réouverture de capacités arrêtées. Le coût de développement est le prix qui déclenche la décision d'ouverture de nouvelles capacités, prêtes à être développées.

Le *cash cost* est la traduction comptable pour une entreprise du concept économique de coût marginal, une notion économique définie de façon mathématiquement rigoureuse. Le coût marginal est la dérivée du coût total en fonction de la quantité produite $C(q)$: $Cm(q) = dC(q)/dq$. C'est donc, indifféremment si la fonction de coût est continue, le coût de la décision de produire une unité supplémentaire ou le coût que l'on évite, si l'on décide de produire une unité de moins.

Une entreprise en situation compétitive, donc preneuse de prix, maximise son profit (ou minimise ses pertes) en produisant la quantité q qui égalise son coût marginal et le prix de marché p qu'elle ne contrôle pas. Remarquons que, dès qu'il y a des coûts fixes, par exemple des investissements en matériel et en recherche, le coût marginal est inférieur au coût moyen. Par exemple, avec un investissement I pour une capacité donnée et un coût opérationnel v proportionnel à la production, on a : $C(q) = I + vq$.

Coût marginal : $dC(q)/dq = v$.

Coût moyen : $C(q)/q = I/q + v > v$.

Vendre au coût marginal ne permet alors pas de couvrir les coûts fixes, mais, au moins, cela minimise les pertes. Tant que le prix du marché p est supérieur à son *cash cost*, l'exploitation dégage par définition une marge opérationnelle positive. L'entreprise doit produire, le « cash » ainsi récolté permettra de couvrir au moins une partie des coûts fixes, en attendant des jours meilleurs. Elle décide de cesser de produire quand le prix de marché p passe en dessous de son *cash cost*.

Naturellement, cette décision n'est prise que si l'entreprise anticipe que le prix va rester un certain temps en dessous de ses coûts *cash*, car fermer et rouvrir a un coût, et fermer n'est intéressant que si la durée anticipée des pertes *cash* est assez longue.

En termes comptables, le *cash cost* est le « coût opérationnel direct » encouru pour produire dans une unité déjà construite, une unité, par conséquent, dont les coûts de construction ont été payés dans le passé. On assimile généralement le *cash cost* aux « Opex » (*operating expenses*). Les Opex sont les coûts « opérationnels ». Ils s'opposent aux « Capex » (*capital expenses*), les dépenses d'investissement. Cependant, il est légitime de compter en *cash cost* les dépenses d'entretien de la capacité de production en état de marche normal. Or cet entretien comporte aussi des Capex, des investissements : changer un moteur, par exemple. Le *cash cost* est donc : les dépenses opérationnelles et d'entretien courant qui sont évitées si on décide d'arrêter de produire. Nous emploierons désormais la notion de *cash cost*, utilisée par les entreprises et leurs consultants.

La seconde notion de coût importante est le coût de développement des moyens de production en attente, ceux dont le développement n'attend plus que la décision de l'entreprise. On l'a défini comme le prix qui rentabilise (au coût moyen pondéré du capital, CMPC) l'ensemble des dépenses consenties pour installer la nouvelle capacité et produire à pleine capacité.

Si le prix de marché s'élève au-dessus de ce coût de développement, et si les firmes qui envisagent ces nouveaux développements pensent que le prix de marché va se maintenir à ce niveau un temps suffisant, alors il devient rentable pour elles de construire ces nouvelles unités de production : de défricher, amender et planter des terres, de forer des puits, de construire des mines, des usines, des chemins de fer, des ports et des vraquiers. En anglais, on parle aussi d'*incentive price* : le prix qui incite à l'entrée sur le marché.

L'écart entre le *cash cost* et le coût de développement est d'autant plus grand que : 1) les Capex initiaux sont importants par rapport aux Opex, autrement dit que l'unité est « intense en capital » ; 2) la rente différentielle entre la ressource marginale exploitée et la nouvelle ressource en développement est importante.

Courbes d'offre

Ces deux notions de coûts, *cash cost* et coût de développement, permettent de construire les courbes d'offre de court terme. Du moins si l'on a précisé les conditions de fonctionnement des marchés.

La courbe d'offre à court terme répond à la question : si le prix de marché se situe au niveau p, quelle sera (le trimestre prochain, l'an prochain) la production q des unités de production existantes ? La réponse, on l'a vu, est la suivante. Si le marché est compétitif (c'est-à-dire si aucun des producteurs, en modulant sa production, ne peut espérer influencer les prix de marché) et que l'ensemble des producteurs sont rationnels, ne produiront que ceux dont le coût *cash* est inférieur à ce prix de marché. Les autres, dont le coût *cash* est supérieur à ce prix de marché, ne produiront pas, évidemment, provisoirement. La courbe d'offre à court terme est donc, en situation compétitive, la courbe des coûts *cash*, jusqu'à la saturation des capacités de production où elle devient verticale.

Courbes de demande

La courbe de demande à court terme répond à la question : si le prix de marché est p, quelle sera (le trimestre prochain, l'an prochain) la quantité q demandée par les acheteurs ? La demande de court terme est composée de deux termes : la consommation de la période et la variation des stocks. Si les consommateurs puisent dans leurs stocks au lieu d'acheter parce qu'ils trouvent le prix trop élevé et s'attendent à une baisse l'an prochain, la demande est inférieure à la consommation, du montant du déstockage. Et, réciproquement, si les stocks sont bas et que les consommateurs s'attendent à une remontée des prix, la demande sera le flux de consommation puis la demande de reconstitution de stocks.

Pour la plupart des commodités, la courbe de demande à court terme est verticale. La consommation à court terme n'est en effet pratiquement pas influencée par le niveau des prix, comme nous le verrons. Les courbes de demande à court terme peuvent être assez différentes selon les commodités, en fonction des possibilités d'économie de matière, de substitution rapide, voire de report partiel de la consommation d'une année sur l'autre, donc de déstockage.

La formation du prix en situation compétitive

En situation compétitive, le prix d'équilibre du marché est donné par l'intersection des courbes d'offre et de demande. Deux situations sont illustrées dans la figure 11 : 1) une demande faible engendrant un prix égal au *cash cost* du producteur marginal, avec une unité fermée et un taux d'utilisation global des capacités de l'ordre de 80 % ; 2) une demande forte qui sature les capacités : les prix s'envolent à un niveau où la demande commence à se réduire. On parle, dans le

Figure 11. ***Cash cost,* coût de développement et courbes de demande et d'offre**

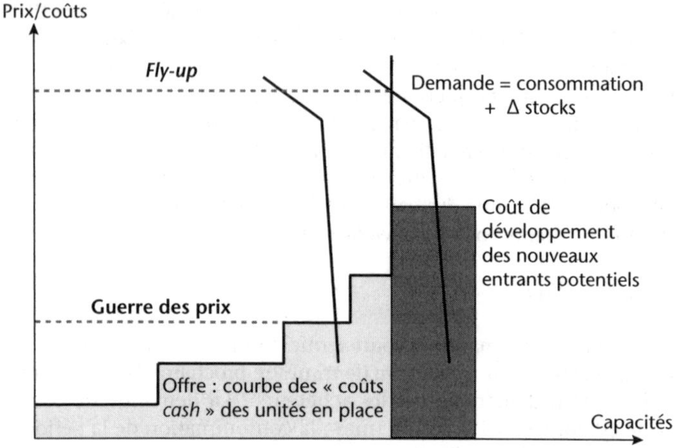

jargon de l'industrie, de *fly-up*. La forme verticale de la courbe d'offre quand on atteint la saturation des capacités et de la courbe de demande avant des prix très élevés fait qu'entre les deux zones, guerre des prix et *fly-up*, les prix sont très instables. Cette instabilité est amplifiée par les anticipations et les comportements de stockage. Quand le prix bas commence à monter, les consommateurs stockent, et cela alimente la hausse ; quand le prix élevé commence à descendre, ils déstockent, ce qui accélère la chute en réduisant la demande.

Les racines de l'instabilité des prix des commodités

En résumé, deux causes de l'instabilité des prix sur les marchés compétitifs de commodités sont la forme verticale des courbes d'offre et de demande. De plus, sur les marchés de commodités, soit l'offre, soit la demande, soit les deux subissent fréquemment des variations annuelles « normales » bien supérieures à celle du PIB et soumises à des accidents climatiques et politiques. Ces trois causes sont communes à tous les marchés de commodités. Leur contenu précis, mais aussi les conséquences sociales des fluctuations diffèrent selon qu'il s'agit de commodités minérales ou agricoles. Nous allons donc aborder ces deux cas et y introduire les structures de marché non compétitives.

Les matières premières minérales et combustibles fossiles

D'amples et brusques variations de la consommation

Les matières premières minérales et les combustibles sont utilisés en amont de tout le système productif. On constate que les écarts de consommation d'une année sur l'autre amplifient les fluctuations de la production industrielle et du PIB. Ce phénomène s'explique aisément. Tout d'abord, une reprise de l'activité industrielle s'accompagne presque toujours d'un mouvement de reconstitution des stocks. Utilisées en amont du processus productif, les matières premières industrielles doivent donc satisfaire non seulement la croissance de la consommation finale, mais la reconstitution des stocks tout au long de la filière. Ensuite, ces matières premières sont généralement plus utilisées dans le secteur des biens d'équipement que dans celui des biens de consommation finale. Or la reprise de la consommation s'accompagne d'une reprise toujours plus vigoureuse de l'investissement, ce que les économistes appellent l'« effet accélérateur ». Inversement, en cas de ralentissement de l'activité économique, on assiste à un mouvement de déstockage et à une stagnation, quelquefois une chute de l'investissement. Les fluctuations économiques d'ensemble sont donc fortement amplifiées au niveau de la demande de matières premières industrielles. Ce phénomène est moins net pour l'énergie, dont une bonne part relève de la consommation finale des ménages, au moins dans les pays industrialisés. En revanche, la production des produits d'origine minérale n'a pas de raison particulière de subir des fluctuations erratiques. Du fait des fluctuations de la demande, production et consommation de matières premières minérales ne sont qu'exceptionnellement équilibrées. La règle, c'est le déséquilibre, avec des écarts qui peuvent être importants : des écarts de 10 % à 20 % ne sont pas des situations exceptionnelles.

L'inélasticité de la demande aux prix à court terme

Mais ceci ne suffit pas à soi seul à expliquer l'amplitude des variations de prix. Pour mieux le comprendre, imaginons ce qui se passerait si, en Europe par exemple, la production d'un nouveau véhicule se trouvait brusquement inférieure de 10 % à la demande aux prix actuels. Dans ce cas, il est peu probable que la marque concernée en profite pour relever considérablement ses prix. Le réajustement entre production et consommation se fera par les délais de livraison, qui s'allongeront. Autrement dit, la régulation se fait par la file d'attente et non par les prix. Si, inversement, la production était supérieure de 10 % à la demande, les producteurs se garderaient bien de se lancer dans une guerre des prix pour écouler au plus vite leur marchandise. Les automobiles s'accumuleront sur les parkings des usines. Il y aura certes des efforts promotionnels, des reprises à argus + 1 000 euros, une débauche de publicité mettant en avant les qualités supérieures de tel modèle. Mais la régulation se fera là encore par les variations de stocks et non par les prix ; la concurrence, incontestablement aggravée, passera par bien d'autres canaux que le prix de vente.

Rien de tel dans le monde du commerce international des matières premières : parce qu'elles sont en amont du processus productif, la réduction des déséquilibres entre offre et demande par les files d'attente est inconcevable. Un particulier peut différer l'achat d'une automobile, le producteur d'automobiles peut à la rigueur différer un peu le renouvellement de certaines machines, mais il ne peut absolument pas se passer d'acier ni d'énergie, sauf à arrêter sa production. Pour en obtenir, il sera disposé à payer un prix très élevé, du moment que ses concurrents payent le même. Il se contentera de transmettre vers l'aval l'augmentation du prix de ses achats. Or, dans une automobile, l'ensemble des matières premières ne représentent que 20 % à 30 % du prix final. Même une très forte augmentation de l'une d'entre elles sera très amortie au niveau du coût total du produit fini et n'influencera pas son prix. Ainsi, l'augmentation des prix des matières premières, en particulier industrielles, a très peu d'effet sur la demande de biens de consommation finale et donc sur la consommation de matières premières. C'est vrai à court terme également pour l'énergie, mais moins pour certains produits alimentaires, en particulier les produits non indispensables. Inversement, ce n'est pas parce que le prix de l'acier ou de l'aluminium aura baissé de moitié que l'on consommera plus d'automobiles, et que la demande de matières premières dans l'industrie automobile augmentera. Et, en ce sens, c'est vrai également de la plupart des produits agricoles.

En revanche, à plus long terme, la consommation des matières premières est très sensible aux prix, en raison des substitutions et des possibilités d'économie de matériaux et d'énergie (allègement des produits, miniaturisation, etc.). Mais, dans les deux cas, des investissements sont nécessaires. Il faut donc que l'augmentation des prix soit : 1) forte ; 2) considérée comme durable par les industriels pour que se déclenchent les mécanismes de substitution et d'économie. Ceci prend du temps. Il a par exemple fallu attendre le cumul des effets des deux chocs pétroliers de 1973 et 1980 pour que la demande de pétrole commence à chuter nettement dans les pays industrialisés.

En résumé, en cas de déséquilibre entre production et consommation, même de très fortes variations des prix des matières premières minérales ne sont pas capables de ramener rapidement la consommation à des niveaux compatibles avec la production. Reste donc à examiner si la production, elle, est plus flexible et sensible aux prix.

L'inélasticité de l'offre aux prix

Malheureusement non : la production, quand les capacités sont saturées, est également inélastique aux prix. La courbe d'offre n'est cependant pas absolument verticale car, si les prix le justifient, on peut « pousser les feux » et dépasser la capacité théorique de 5 %, voire 10 % même si cela augmente rapidement les coûts unitaires. Il y a cependant une limite au-delà de laquelle c'est la demande qui doit s'adapter à une offre contrainte.

Amplitude des fluctuations de prix sur un marché compétitif

L'équilibre de court terme (capacités de production et d'utilisation sont considérées comme données) d'un marché compétitif d'une commodité minérale peut donc être représenté par la figure 12, dérivée de la figure théorique précédente.

La courbe d'offre est l'histogramme des coûts *cash* des puits ou des mines existants. Le caractère presque vertical de la courbe de demande, au moins dans sa partie médiane, traduit la très faible élasticité à court terme de la demande au prix. Compte tenu de ce que la demande de la plupart des commodités minérales amplifie les évolutions de la conjoncture économique, cette courbe de demande est susceptible de se déplacer latéralement avec rapidité et ampleur.

La volatilité de la demande et l'inélasticité à court terme de la demande au prix, combinées à la structure des coûts de production, expliquent les amples fluctuations de prix qui caractérisent les marchés de commodités minérales lorsque domine une situation compétitive, c'est-à-dire lorsque tous les producteurs sont de simples *price-takers* et n'ont aucun pouvoir de marché.

Évolution des prix en cas d'excès de demande : *fly-up* et zone plafond. — Partons d'une situation de vive reprise de la demande alors que les capacités sont proches de la saturation. Dès que les capacités de production (et/ou de transport) sont saturées, l'offre ne peut plus croître. Cela provoque un *fly-up*. Compte tenu de la très faible

Figure 12. **L'équilibre offre-demande compétitif**

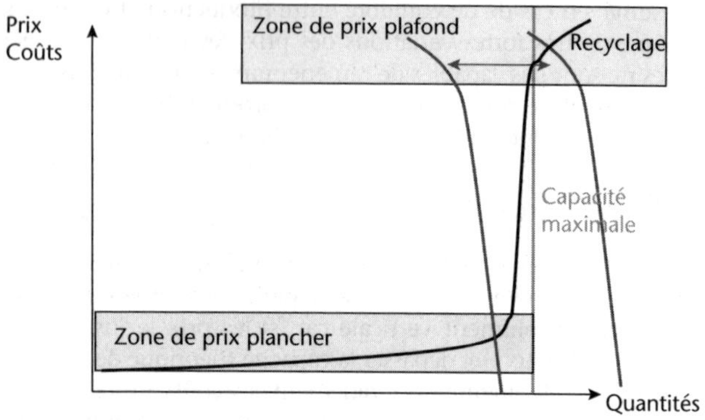

élasticité de la demande aux prix à court terme, il faut que les prix atteignent des niveaux élevés pour que se manifestent des forces de rappel rétablissant l'équilibre de l'offre et de la demande.

Ces forces de rappel qui réduisent le déséquilibre initial ne s'exercent ni instantanément ni avant que les prix aient atteint un certain niveau. Elles agissent sur la demande et sur l'offre. Sur la demande, il s'agit :

1) d'économies dites de comportement, qui peuvent agir rapidement, car par définition elles n'exigent pas d'investissement ;

2) de substitutions par des produits concurrents. Ces substitutions ne peuvent être rapides que dans des installations capables d'utiliser plusieurs énergies ou plusieurs matériaux. Les cas sont assez rares et les volumes concernés sont généralement faibles. Au-delà, des investissements sont nécessaires. Qu'ils soient ou non entrepris dépend alors crucialement non tant du niveau atteint par les prix que des anticipations des consommateurs sur l'évolution future des prix.

Du côté de l'offre, dans le cas des métaux, une troisième force de rappel est l'augmentation du recyclage, c'est-à-dire le recours à l'autre source de métal que sont les déchets. Il s'agit, dans certains cas, de la principale force de rappel. Elle n'existe pas pour le pétrole ou d'autres commodités non recyclables, comme les phosphates.

Enfin, l'expérience a montré que, dans un délai un peu plus long, les capacités, même apparemment saturées, ne sont jamais totalement inflexibles. Sur de nombreux gisements, des investissements marginaux permettent dans des délais courts des accroissements marginaux de production. Mais, ici encore, les anticipations sur l'évolution future des prix interviennent.

Quatre types de forces agissent donc pour rétablir l'équilibre du marché. Ces forces se caractérisent par des intensités et des délais d'action qui dépendent du niveau de prix et des anticipations sur son évolution. Certaines agissent dès que les prix augmentent, mais lentement, c'est-à-dire avec une intensité faible, voire nulle au départ ; d'autres ont une intensité plus forte et/ou plus rapide, mais qui ne se manifeste qu'à des niveaux de prix (réels et anticipés) élevés.

Une fois engagée par une demande excédant les capacités immédiatement disponibles, la hausse des prix ne peut qu'être rapide, car le processus de déséquilibre est d'abord cumulatif : la hausse des prix augmente la demande de stock et accroît donc le déséquilibre. Pour la plupart des commodités minérales, les forces de freinage ne commencent à agir pour réduire efficacement un déséquilibre initial significatif qu'à des niveaux de prix élevés, c'est-à-dire très supérieurs aux coûts des producteurs marginaux. Tel un objet spatial rentrant dans l'atmosphère, les prix sont d'abord très peu freinés, puis les forces de freinage augmentent avec le prix et le temps.

On peut donc parler de zone plafond de freinage économique. Sa limite inférieure est difficile à préciser (comme l'est la limite extérieure de l'atmosphère terrestre). Plutôt qu'une limite, il faudrait représenter graphiquement une densité croissante de forces.

Évolution des prix en cas d'excès d'offre : la zone plancher. — Inversement, lorsque la production excède la consommation, les stocks des producteurs augmentent d'abord. La baisse des prix est alors provoquée par la moindre tentative d'un producteur d'étendre sa part d'un marché globalement rétréci au détriment d'un autre en se débarrassant de ses stocks excédentaires. Ce mouvement de baisse, une fois enclenché, dégénère inévitablement en guerre des prix si chacun cherche à défendre ses parts de marché, ce qui est le comportement normal en situation de concurrence atomisée.

La baisse des prix n'a, pour autant, aucun effet immédiat sur la demande, qui est à court terme tout aussi inélastique aux prix à la baisse qu'à la hausse. L'équilibre offre-demande ne peut donc être rétabli que par une réduction de l'offre, donc une réduction de la production permettant de résorber les stocks excédentaires. Sur un marché parfaitement concurrentiel, cette réduction de production n'intervient que lorsque les prix ont chuté en dessous du *cash cost* des unités marginales.

On peut donc ainsi déterminer théoriquement une zone plancher de prix, qui est le niveau qui provoque des fermetures d'unités entières pour une part significative, de l'ordre de 30 % des capacités totales, permettant ainsi de résorber rapidement les stocks des producteurs.

Une instabilité naturelle. — Sur un marché à structure purement compétitive de commodité minérale, toute position des prix intermédiaire entre la zone plafond de freinage et la zone plancher est très instable. Il n'y a aucune raison, sauf de pur hasard, pour que les capacités disponibles égalent exactement la consommation.

On se trouve donc :

— soit dans une situation proche de l'utilisation maximum des capacités, et toute augmentation de la demande provoque une flambée de prix qui les fait entrer dans la zone de freinage jusqu'à ce que la demande s'infléchisse et/ou que l'offre augmente de manière à rétablir un équilibre ;

— soit dans une situation de surcapacité et donc sous la menace permanente d'une guerre des prix, qui conduit très rapidement au plancher où les prix se stabilisent pendant que les stocks sont résorbés.

Deux régimes de formation des prix de marché

On distingue deux types de structures de marchés de commodités : les *marchés compétitifs* et les *marchés contrôlés*. Évidemment, ce sont des types théoriques polaires. Un marché réel de commodités peut présenter des situations intermédiaires ou surtout passer d'un type à l'autre dans le temps ou selon certaines circonstances externes. On distinguera ainsi deux régimes polaires de formation des prix.

Ce qui distingue les deux types est l'existence d'un pouvoir de marché d'une ou de plusieurs firmes productrices. Un producteur (ou un ensemble de producteurs) dispose d'un pouvoir de marché quand il est capable, en réduisant sa production, de faire monter le prix de marché de telle façon que l'opération se révèle profitable pour lui, c'est-à-dire qu'il gagne en hausse des prix plus qu'il ne perd en volume de production.

Marché compétitif. — Un marché compétitif est un marché sur lequel aucun producteur ne dispose d'un pouvoir de marché. Dans ces conditions, nous l'avons vu, la rationalité du producteur consiste à produire tant que le prix de marché est supérieur au *cash cost* et à fermer les unités dont les *cash costs* sont inférieurs au prix de marché.

Cela donne des cycles de prix que l'on peut décrire de la manière suivante :

— partons d'une situation où les capacités existantes sont supérieures à la demande, par exemple parce que l'économie est en récession. Il y a une vive compétition entre les producteurs, les prix s'établissent donc au coût *cash* de la dernière unité dont la production est nécessaire pour satisfaire la demande. Certaines unités, aux coûts *cash* supérieurs, sont provisoirement fermées ;

— ce niveau de prix est nécessairement inférieur au coût de développement de nouvelles capacités, aucun nouveau développement n'intervient donc ;

— si, comme c'est très généralement le cas, la demande augmente progressivement sous l'effet de la reprise de la croissance économique, on passe d'une situation de surcapacité à une situation de saturation des capacités qui engendre une forte hausse des prix, un *fly-up* ;

— cette envolée des prix et le constat que les capacités sont saturées provoquent le lancement de nouvelles capacités qui deviennent très rentables à ce prix et qui étaient en attente de décision de mise en production chez différents producteurs, voire chez de nouveaux entrants ;

— il faut un certain temps pour que ces capacités viennent effectivement en production, en général quelques années ; ce temps dépend naturellement de l'importance des projets et du degré de maturité qu'ils avaient atteints avant le *fly-up* ;

— dans la plupart des cas, les nouvelles capacités de production venant sur le marché, tandis que la demande a fléchi en raison de la hausse des prix, provoquent une nouvelle situation de surcapacité, une rechute des prix au coût marginal des unités de production nécessaires pour satisfaire la demande… Et le cycle recommence.

Une situation compétitive sur un marché de commodités engendre donc inévitablement une succession de *fly-up* relativement peu durables, séparés par de longues périodes de stabilité des prix à un niveau bas qui couvre uniquement les *cash costs* des unités marginales.

Remarquons qu'une unité de production qui a des *cash costs* nettement inférieurs à ceux des unités marginales peut, même dans ses périodes de basses eaux, dégager des marges opérationnelles suffisantes pour couvrir ses Capex, voire rémunérer correctement le capital investi.

L'exemple du nickel dans la figure 13 illustre ce régime de prix : un niveau général stable et bas et deux *fly-up* en 1988-1989 et 2007, avec une secousse en 2010.

Marché contrôlé. — Si un ensemble de producteurs agissent de manière coordonnée (que cette coordination fasse l'objet d'un accord explicite, ce qui est interdit par les réglementations de la concurrence

Figure 13. **Prix du nickel, 1980-2015**
(dollar 2014 par tonne métrique)

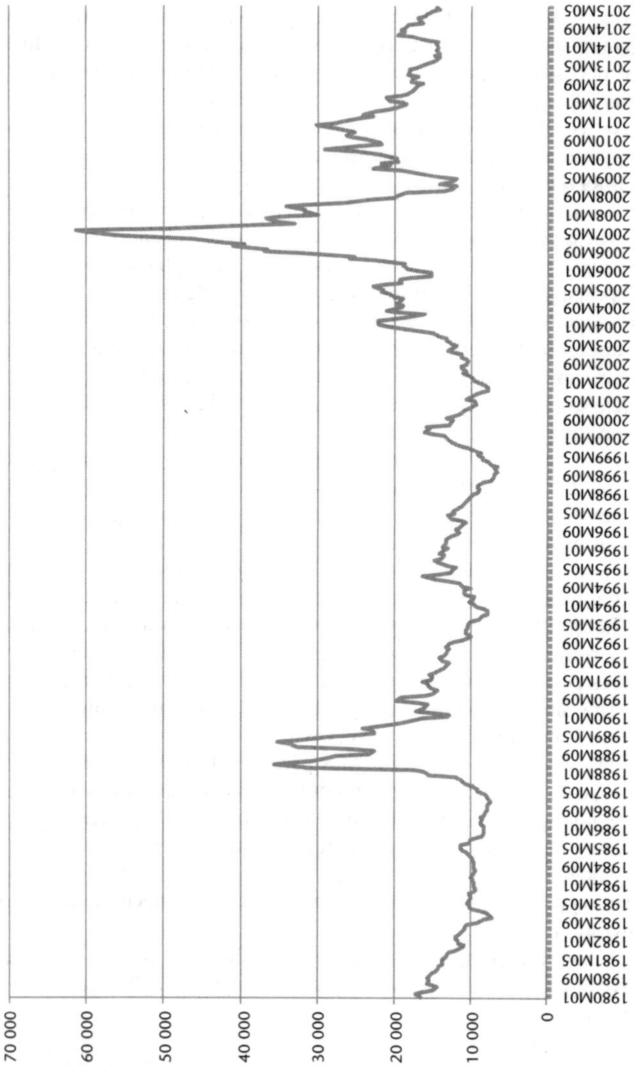

Source : FMI.

dans la plupart des pays du monde, ou d'un accord implicite), ils peuvent en certaines circonstances « contrôler » l'évolution des prix du marché en réduisant leur production quand la demande faiblit. Au bénéfice, par rapport à la situation de guerre des prix, non seulement d'eux-mêmes, mais de tous les producteurs.

L'intérêt des producteurs à bas coût de réduire leur production s'analyse à l'aide du modèle de Nash décrit au chapitre II, sauf qu'il s'agissait alors de décisions de développement des réserves et qu'il s'agit ici de décisions sur le taux d'utilisation des capacités existantes.

Pour stabiliser le marché dans la durée, il faut que le groupe de contrôle fixe le prix autour du niveau qui rentabilise les développements de capacités nécessaires et suffisants pour satisfaire l'évolution de la demande à ce prix. Pour pérenniser l'exercice du pouvoir de marché, il faut donc aussi bien éviter les *fly-up* que les guerres de prix. Pour éviter les *fly-up*, il faut : 1) disposer en permanence de capacités inutilisées, pour faire face à d'inattendus sursauts de la demande ; 2) anticiper l'évolution de la demande et préparer soi-même les développements de nouvelles capacités nécessaires pour entretenir en permanence une légère surcapacité. Par conséquent, pour exercer un pouvoir de marché durable et stabiliser les prix, un producteur ou ensemble de producteurs doivent créer et gérer habilement des « capacités poumons » que l'on ferme quand les prix ont tendance à baisser, mais qu'il faut être capable d'ouvrir rapidement pour éviter les envolées de prix. Ce volume de capacité poumon doit être à même d'absorber les fluctuations de la demande dans les deux sens. L'objectif de prix est le coût de développement des prochaines extensions, donc le prix d'équilibre théorique.

Dans ce régime de formation, les prix sont donc : 1) plus stables ; 2) plus élevés en moyenne que dans le régime du marché compétitif, car il faut rémunérer les capacités poumons la plupart du temps oisives. Dans bien des cas, les consommateurs sont prêts à payer un prix légèrement plus élevé, qu'ils répercuteront à leurs propres clients. C'est le coût d'une plus grande stabilité.

L'exemple du pétrole. — Mais le groupe de contrôle a-t-il intérêt à stabiliser les prix et à les rendre ainsi prévisibles aux nouveaux entrants potentiels, qui peuvent être des producteurs de substituts ? Pas nécessairement. Une certaine instabilité des prix peut être dans l'intérêt du groupe de contrôle, car, toutes choses égales par ailleurs, elle augmente le risque des nouveaux entrants et, si ceux-ci ont une aversion au risque élevée, retarde leur entrée, augmentant ainsi la part de marché du groupe de contrôle par rapport à une situation où il maintiendrait stable son prix objectif.

Figure 14. **Prix du pétrole (*brent*), 1980-2015**
(dollar 2014 par baril)

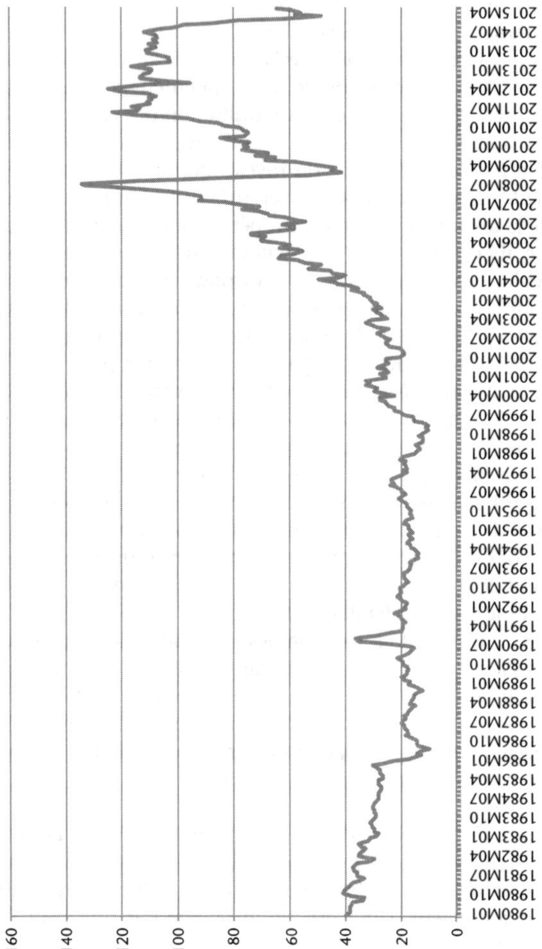

Source : FMI.

Par exemple, le groupe de contrôle peut ne se fixer qu'un plancher de prix, qu'il contrôle en réduisant sa production quand la demande fléchit. Mais il ne s'oppose pas aux *fly-up* ni ne cherche à empêcher la rechute, sauf quand on s'approche du plancher. Pendant les *fly-up* et leur descente, il n'agit plus sur les prix, le marché devient compétitif. Les prix peuvent fluctuer amplement dans ce régime s'il y a de brusques fluctuations de la demande ou de l'offre de la frange. Cette stratégie peut être intéressante pour les détenteurs de réserves à très bas coût ayant créé, par le contrôle de l'accès à ces réserves, des rentes différentielles importantes et voulant réduire les entrées à un prix élevé. C'est le cas du marché du *brent* aujourd'hui, comme le montre la figure 14. En 1986, l'Arabie saoudite décide, en réduisant sa production, de ne plus soutenir le prix élevé atteint lors du *fly-up*, en 1980, dû à la guerre Iran-Irak. Les prix chutent, puis sont stabilisés à un niveau qui fait de nouveau consensus au sein des cinq pays producteurs du Moyen-Orient : autour de 20 dollars de 2013. Puis ils laissent se produire le *fly-up* de 2006-2007 ; depuis, le prix est assez instable, car le nouvel objectif qui semble faire consensus, autour de 100 dollars le baril, s'est fortement approché du prix des substituts, les XTL. À l'été 2014, l'Arabie saoudite laisse filer le prix de marché sous l'effet d'une surproduction due au développement rapide du pétrole de roche-mère (*light tight oil*) aux États-Unis. En juin 2015, ce prix tourne autour de 60 dollars le baril. Cet épisode illustre deux choses : 1) le cœur de l'oligopole du pétrole conventionnel a intérêt à en laisser varier le prix, pour dissuader les investissements dans les pétroles non conventionnels, incluant les pétroles de roche-mère ; 2) il se pourrait que le nouveau prix objectif du cœur de l'OPEP baisse un peu, autour de 80 dollars le baril, pour contrer le développement plus rapide que prévu de ces derniers.

Les matières premières agricoles

Des marchés concurrentiels qui restent largement façonnés par les politiques publiques

Le mode de formation des prix des produits agricoles est relativement simple. Les échanges se font le plus souvent *via* des contrats bilatéraux (OTC — *over the counter*), construits autour du prix de référence global, sur lequel est ajouté un « premium » ou un « discount » selon le lieu et la qualité. Le prix de référence est le plus souvent un prix à terme, déterminé quelques mois avant la récolte, les exploitants souhaitant sécuriser le prix auquel sera vendue leur production, et les firmes de négoce, une partie de leurs volumes. La compétition entre les grandes firmes de négoce a conduit au développement d'une offre diversifiée de contrats d'achats proposés aux agriculteurs. Ce n'est ainsi pas un hasard si, pour le blé, l'un des premiers contrats à terme standardisés fut créé aux États-Unis, à la Bourse de Chicago. Pour les céréales, un marché à terme liquide existe ainsi depuis longtemps aux États-Unis.

Sur la plupart des marchés agricoles, production et consommation sont fortement atomisées. La production agricole est peu capitalistique, les barrières à l'entrée sont donc limitées. C'est une différence importante avec la production minière et pétrolière, très capitalistique et souvent concentrée dans les mains de peu d'acteurs. Entre le champ et l'assiette, les produits agricoles passent toutefois par différents marchés plus concentrés : négociants internationaux, distributeurs, groupes agroalimentaires... Si pouvoir de marché il y a, il faut plutôt le chercher chez ces intermédiaires et en aval dans la distribution.

Au-delà des éventuels pouvoirs de marché qui peuvent exister dans certains cas, c'est avant tout l'intervention des États, forte dans le cas des commodités agricoles, qui a des répercussions sur les prix, tant domestiques qu'internationaux. Ceci est particulièrement vrai des marchés des céréales. Prenons le cas du blé et rappelons d'abord les ordres de grandeur. La consommation de blé annuelle est de l'ordre de 650 millions de tonnes. Elle se répartit de la façon suivante : deux tiers pour l'alimentation humaine, un sixième pour l'alimentation animale, et le reste pour l'industrie et la production de biocarburants. Chine, Europe, Inde, États-Unis et Russie représentent près des deux tiers de la production mondiale. États-Unis, Europe, Canada, Argentine et Australie représentent près des deux tiers des exportations. L'intervention des gouvernements sur ce marché prend différentes formes : monopoles d'État à l'exportation (par exemple en Australie), dispositifs d'aides publiques (soutiens directs aux prix, restitutions aux exportations, etc.). Ces politiques ont par le passé eu tendance à déprécier les cours internationaux du blé.

Les justifications sont multiples : sécurité alimentaire, préservation des territoires et paysages ruraux, argument social (soutien au revenu des agriculteurs). On notera cependant que ces politiques évoluent afin de réduire les perturbations sur les marchés. Ainsi, en Europe, dans le cadre des réformes de la politique agricole commune, on est passé d'instruments de soutien des prix ou des niveaux de production (de type quotas) à des paiements fixes, calculés par exemple sur la superficie agricole. Aux États-Unis, plusieurs dispositifs d'aides susceptibles de distordre le marché persistent encore aujourd'hui, comme l'aide alimentaire (forme de subvention à l'exportation déguisée car elle permet d'écouler les stocks américains à un prix très bas), les *marketing loans* (équivalant à des prix garantis) ou encore les crédits à l'exportation (forme de soutien direct aux producteurs américains qui leur permet de vendre à un prix inférieur au prix mondial). Le cas du maïs est assez similaire à celui du blé. Alors que l'Union européenne a stoppé les subventions « directes » aux producteurs de maïs, celles-ci ont augmenté aux États-Unis et en Chine.

Une instabilité intrinsèque des prix

La consommation des produits alimentaires ne fluctue pas de manière significative d'année en année. Contrairement à celle des matières premières industrielles, elle aurait tendance à être plus stable que l'activité économique d'ensemble, car il s'agit d'un besoin fondamental qui est satisfait en priorité. En revanche, puisqu'ils sont des biens de première nécessité, dits inférieurs, dont la consommation est difficilement « compressible », la consommation des produits agricoles est très peu élastique au prix, aussi bien à court qu'à long terme. La production, quant à elle, est à la fois instable en raison de sa sensibilité aux aléas climatiques et parfaitement inélastique aux prix entre les semis ou plantations et la récolte. La flexibilité de l'offre des cultures annuelles en cas de baisse des prix n'est elle-même possible que s'il existe pour le paysan des cultures de rechange. Elle est très limitée dans les zones de monoculture. Enfin, pour les plantations qui n'entrent en production qu'après plusieurs années (café, cacao, thé, fruits...), ainsi que pour l'élevage, on a à la fois des délais de montée en production, comme dans les mines, et une production peu flexible à la baisse. Cette relative inélasticité de l'offre et de la demande entraîne une instabilité intrinsèque des prix, de même nature que celle des prix des commodités minérales, à ceci près que les « chocs » viennent généralement de l'offre, sous l'effet des aléas climatiques, plutôt que de la demande.

Des stocks qui jouent un rôle essentiel pour atténuer les chocs

La production des commodités agricoles n'étant généralement pas continue dans l'année, le niveau des stocks, qui se remplissent aux récoltes et se vident jusqu'aux suivantes, enregistre les déséquilibres entre production et consommation. On constate donc une relation inverse entre niveau des stocks et niveau des prix des marchés compétitifs : stocks élevés, prix bas ; stocks réduits, prix élevés. Sans contrôle étatique ni marchés à terme donnant des prix futurs (voir chapitre IV), un marché compétitif de produits agricoles, où les paysans ont chaque saison une certaine flexibilité dans le choix des cultures, serait implacablement soumis au cycle suivant :

— mauvaises récoltes en raison d'aléas climatiques ou de maladies ;

— stocks bas et prix élevés ;

— incitation à choisir cette culture pour la nouvelle saison ;

— semis excessifs par rapport à la demande potentielle (y compris la demande de reconstitution des stocks) ;

— si pas d'aléas, récolte abondante ;

— les stocks se gonflent et le prix baisse ;

— malgré la bonne récolte en volume, le revenu des paysans décroît ;

— abandon relatif de la culture la saison suivante ;

— récolte faible, baisse des stocks, hausse des prix.

Le rôle des stocks est central. Des stocks faibles tendent à amplifier les fluctuations de prix. Lorsque les prix sont élevés et que les stocks sont faibles, la demande du marché pour un produit agricole donné se résume à la demande liée à la consommation. Cette dernière est inélastique aux prix, les consommateurs d'aliments de base, comme le riz, le blé ou le maïs, préféreront en effet renoncer à d'autres dépenses avant de limiter leur consommation de ces aliments. Il faut alors de fortes hausses des prix pour que les consommateurs ajustent leur demande à la baisse. Quand les stocks sont bas, la demande est donc très inélastique et les chocs ont une forte incidence sur les prix. À l'inverse, lorsque les stocks sont élevés, les variations de stocks, qui viennent s'ajouter à la demande de consommation, rendent la demande du marché beaucoup plus élastique aux prix. Un choc similaire se traduira alors par une hausse plus limitée du prix.

Des fluctuations de prix amplifiées par les réflexes protectionnistes

En agriculture, le poids des facteurs politiques est fondamental. Aucun gouvernement ne peut traiter les paysans comme des ouvriers mineurs qu'on peut licencier en y mettant éventuellement l'accompagnement social nécessaire. Des mesures variées (voir chapitre V) visent à stabiliser les prix intérieurs en déconnectant le marché intérieur du marché international. Ces politiques amplifient dans certains cas les déséquilibres offre-demande sur les marchés internationaux, qui deviennent ainsi très sensibles aux aléas climatiques des grandes régions exportatrices et importatrices. Une année de sécheresse dans le Middle West américain, ou de gelée au Brésil, et l'offre internationale de céréales, de soja, de café se contracte brusquement. Une très

Figure 15. **Indice du prix des céréales, 1980-2015**
(dollar 2014 ; base : juin 2000 = 100)

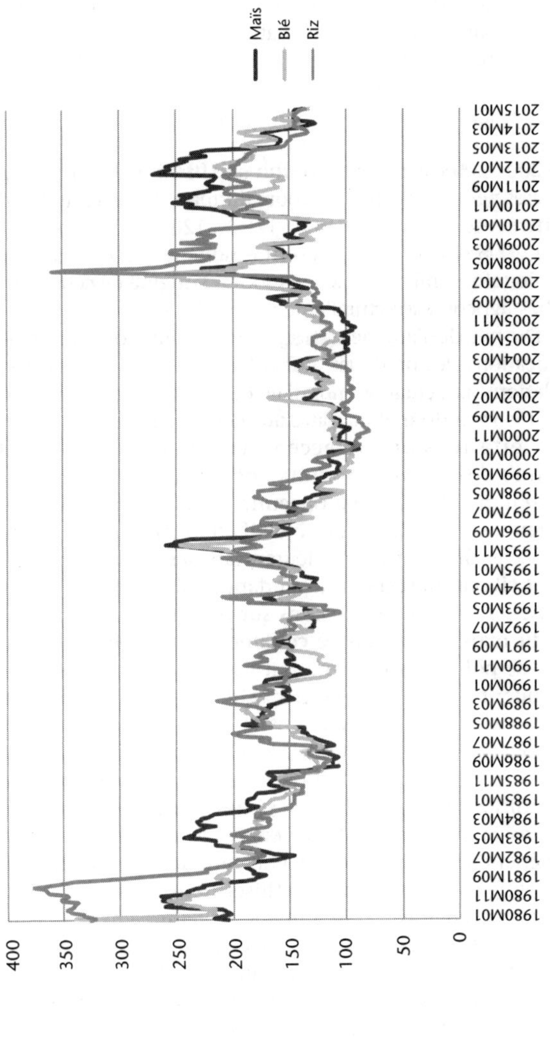

Source : FMI.

mauvaise mousson en Asie, et l'Inde peut devenir importatrice de céréales.

La figure 15 illustre les tendances des prix des céréales en dollars constants de 2014 : décroissante jusqu'en 2006, croissante ensuite ; ainsi que leur volatilité : des variations de + ou – 30 % d'une année sur l'autre ne sont pas rares.

La flambée des prix agricoles de 2007-2008

En 2007-2008, le monde a connu une flambée des prix des matières premières agricoles. Ainsi, les cours du maïs, du soja, du blé et du riz ont augmenté respectivement de 175 %, 120 %, 159 % et 168 % entre janvier 2006 et avril 2008. Ils sont ensuite retombés brusquement.

Un certain nombre de facteurs sont à l'origine de cette flambée des marchés agricoles structurellement « tendus ».

— Du fait de l'augmentation de la population mondiale et des modifications des pratiques alimentaires liées à l'enrichissement des populations, la demande mondiale de produits agricoles croît rapidement. L'offre a du mal à croître au même rythme.

— Cette tension est accentuée par l'accroissement de la demande de certains produits agricoles pour la production de biocarburants. L'Union européenne, les États-Unis et certains pays émergents se sont fixé des objectifs d'incorporation de biocarburants élevés dans le cadre de leurs stratégies de lutte contre le changement climatique ou d'indépendance énergétique. Cette nouvelle demande a aggravé les tensions sur certains marchés, notamment ceux du maïs, du blé ou de certaines huiles végétales. Les instruments de politiques publiques utilisés pour atteindre ces objectifs contribuent souvent à rigidifier la demande. Les distributeurs de carburants ont en effet souvent la quasi-obligation d'incorporer des biocarburants. Cette nouvelle demande de biocarburants, d'origine réglementaire, doit donc être satisfaite quelles que soient les conditions du marché, elle est très peu élastique au prix.

— Les marchés agricoles et énergétiques sont de plus en plus interdépendants. Les produits énergétiques représentent une part non négligeable des intrants utilisés dans la production agricole (carburants, engrais...). De plus, le développement des biocarburants, substituts aux énergies fossiles pour les transports, accentue l'interdépendance entre les deux marchés. *Via* ces canaux, la volatilité des marchés énergétiques, souvent importante, tend donc à être transmise aux marchés agricoles.

— Les niveaux de stocks étaient bas et mal connus. Dans la majorité des pays, les stocks publics avaient sensiblement baissé jusqu'à des niveaux historiquement bas. En effet, ils avaient été fortement sollicités pour répondre à la croissance de la demande.

— Certains « chocs » ont restreint l'offre disponible. Ce sont tout d'abord des épisodes climatiques, sécheresses ou inondations. Mais ce sont également les chocs de taux de change. Ainsi, on considère généralement que la dépréciation du dollar par rapport à l'euro expliquerait une partie de la flambée des prix agricoles en dollars en 2007-2008.

— Les réflexes protectionnistes de nombreux pays ont également joué un rôle. Plusieurs gouvernements ont mis en place des politiques commerciales restrictives (restrictions quantitatives sur les exportations, barrières tarifaires sur les exportations ou importations, etc.) en vue de protéger leur marché intérieur et de déconnecter les prix de ces marchés des prix internationaux. Ces mesures mises en place de façon unilatérale et non coordonnée ont eu pour effet de restreindre l'offre mondiale et donc d'accroître les tensions sur les prix mondiaux.

— L'impact de la financiarisation des marchés de matières premières reste ambigu. Ce point est traité dans le chapitre IV.

IV / Les marchés dérivés de commodités

Temples de la spéculation pour les uns, miracles de l'inventivité capitaliste pour se protéger de l'incertain pour les autres, les marchés à terme et plus généralement les marchés dérivés sont des institutions controversées et complexes. Compte tenu de ce qu'ils fixent les prix de référence de nombreuses matières premières, ils exigent quelques développements. Nous commencerons par expliquer le mécanisme de la couverture contre le risque de prix, qui est la raison d'être des marchés à terme. Puis nous aborderons la question des liens entre les prix à terme et les prix de la commodité physique, livrable « spot » sur le quai d'un certain entrepôt, et des raisons pour lesquelles les prix à terme deviennent la référence de prix mondiale. On pourra alors aborder la question controversée : la spéculation purement financière sur les marchés à terme déstabilise-t-elle les marchés de commodités ? Il nous faudra reformuler la question, après avoir défini la spéculation et son rôle.

Le risque de prix

Le risque de prix est omniprésent pour un industriel. Il peut provoquer des pertes catastrophiques. Exemples : Airbus vend un avion en dollars livrable dans un an, ses coûts sont en euros : risque de baisse du dollar par rapport à l'euro. Codelco, firme chilienne, vend du cuivre en Allemagne au robinetier Grohe, payable le jour de livraison au prix LME du jour, trois mois après conclusion du contrat : risque de baisse du prix du cuivre sur le LME. La compagnie aérienne RAM vend des billets sur un an à un club de vacances à prix fixé aujourd'hui : risque de hausse du kérosène (de 20 % à 40 % du prix du billet).

L'intérêt des produits « dérivés » est qu'ils permettent de se couvrir d'un risque de prix, en fixant aujourd'hui un prix pour une livraison qui interviendra plus tard. Ils permettent aussi de « prendre » délibérément un risque de prix, donc de « spéculer ».

Un *produit dérivé* est un contrat qui spécifie aujourd'hui les conditions, en particulier le prix, d'une transaction sur le « sous-jacent », qui aura lieu à une date fixée dans le futur. Lors de la transaction, les cocontractants s'accordent sur :

— le sous-jacent du contrat : commodité, monnaie, obligations, actions, etc. ;

— le nombre d'unités et les caractéristiques des produits à livrer (à recevoir) ;

— la date et le lieu précis de la livraison ;

— le prix qui sera payé (reçu) lors de la livraison.

Les principaux types d'instruments échangés sur les marchés dérivés sont, d'une part, les contrats *forward*, qui sont en général passés de gré à gré et donnent lieu à livraison physique, et, d'autre part, les contrats à terme (*futures*), les options et les *swaps* qui sont de purs instruments financiers, comme on le verra.

Ces instruments sont échangés soit de gré à gré sur des marchés OTC (*over the counter*), soit sur des marchés organisés (les Bourses de commerce). Sur les marchés OTC sont conclus des contrats non standardisés, chacun assume donc le risque de contrepartie : celui que son partenaire n'honore pas le contrat. Sur les marchés organisés, les contrats sont standardisés. Les institutions qui organisent le marché se portent contrepartie des acheteurs et des vendeurs, s'assurent de leur solvabilité et suppriment ainsi le risque de contrepartie. Les principaux marchés organisés sont Eurex, Liffe, CBOE, CBOT, LME et Nymex.

La couverture contre le risque de prix et la spéculation

Le contrat forward

Pour expliquer les pratiques de couverture et de spéculation, prenons l'exemple le plus simple et le plus pédagogique, celui d'un contrat *forward*. Le contrat *forward* est une transaction à terme conclue de gré à gré. Les contractants s'engagent de façon ferme, l'un à acheter, l'autre à vendre 100 tonnes de cuivre par exemple, à une date future donnée et à un prix convenu lors de la signature du contrat.

Exemple : le 2 janvier, la firme chilienne Codelco s'engage à livrer 100 tonnes de cuivre à Grohe, firme allemande de robinetterie, qui, elle, s'engage à les payer le 2 avril, sur le quai Z de Rotterdam, au prix de 6 500 dollars la tonne. Chacun sait que, ce jour-là, le 2 janvier, le prix spot du cuivre, c'est-à-dire pour livraison immédiate dans l'entrepôt du LME quai Z, est de 6 000 dollars — le cuivre est en effet coté au LME chaque jour —, mais personne ne sait ce qu'en sera le prix le 2 avril à Rotterdam, quai Z. Supposons que, ce 2 avril, sur le quai Z de Rotterdam, le cuivre spot est coté 5 000 dollars. Le contrat conclu trois mois plus tôt peut être honoré de deux manières : 1) par l'exécution de la livraison physique ; 2) par le « débouclage financier » du contrat. Dans le premier cas, Grohe demande à Codelco de livrer comme convenu et paye 6 500 dollars la tonne, soit 1 500 dollars de plus que s'il achetait en « spot ». Dans le second, Grohe sort du contrat en le revendant à Codelco. À quel prix ? À son prix du 2 avril, soit 5 000 dollars la tonne. En effet, le 2 avril, le contrat *forward* que détient Grohe, qui est un engagement de Codelco à livrer 100 tonnes de cuivre ce jour-là sur le quai Z, vaut exactement le prix spot, soit 5 000 dollars la tonne. Comme Grohe avait acheté le contrat à Codelco 6 500 dollars et qu'il n'avait pas encore payé (rien ne se paie avant la livraison), il verse donc 6 500 – 5 000 = 1 500 dollars la tonne à Codelco pour racheter le contrat, ce qui solde leurs comptes. Grohe achète alors du cuivre sur le marché à 5 000 dollars, mais il a payé 1 500 dollars (6 500 – 5 000) pour sortir du contrat avec Codelco. Son cuivre lui coûte donc bien 6 500 dollars la tonne, comme dans le premier cas. Quant à Codelco, libre de son engagement, il vend son cuivre à quelqu'un d'autre pour 5 000 dollars, mais son revenu est de 5 000 + 1 500 = 6 500 dollars. Dans le premier cas, le contrat s'est dénoué par livraison physique ; dans le second cas, pour ce qui est du physique, les deux acteurs s'adressent au marché ou à leurs fournisseurs habituels, et le contrat se dénoue de façon purement financière, en étant racheté/revendu. Dans les deux cas, le prix de l'échange du 2 avril a été fixé le 2 janvier à 6 500 dollars la tonne. Le dénouement financier est en général le plus commode : on continue à s'adresser à ses fournisseurs habituels pour le physique, on négocie avec eux des marges de transport et de qualité sur la base des prix de Rotterdam connus de tous, le contrat *forward* n'ayant servi qu'à garantir un prix rendu à Rotterdam.

Pourquoi ont-ils fait cela ? Codelco a déjà produit le physique (on dit qu'il est « long » sur le physique) et a estimé que 6 500 dollars était pour lui un « bon » prix, il vend un contrat pour se couvrir contre un risque de baisse des prix (qui a eu lieu dans notre exemple). Il garantit ainsi sa marge de producteur. Grohe a voulu se couvrir contre un risque de hausse des prix. Pourquoi ? Par exemple, parce qu'il avait déjà vendu le cuivre sous la forme d'un lot de robinets en laiton à Conforama, lot négocié sur la base de 6 500 dollars la tonne de cuivre. En s'assurant de cuivre à ce prix le 2 avril, quand il devra l'acheter pour mettre les robinets en fabrication, Grohe garantit sa marge de transformateur.

Un pur spéculateur peut avoir acheté le contrat à Codelco, s'il est persuadé que le cuivre va monter au-delà de 6 500 dollars. Dans l'exemple, il s'est trompé et il perd 1 500 dollars par tonne. Si le prix spot était monté par exemple à 7 000 dollars, comme il l'espérait, le spéculateur aurait gagné 500 dollars par tonne.

Le contrat future *ou contrat à terme*

Comme pour les contrats *forward*, les contractants s'engagent de façon ferme à acheter ou à vendre le sous-jacent à une date future donnée et à un prix convenu lors de la conclusion du contrat. Le contrat *future* est une transaction de livraison à terme conclue sur les marchés organisés, et non de gré à gré. Le contrat est donc standardisé, en qualité, volume, date et lieu de livraison. Le marché est liquide : les contrats pour une échéance donnée, le 2 avril par exemple, sont cotés tous les jours avant l'échéance ; donc, tous les jours, on peut revendre un contrat acheté la veille ou, l'inverse, racheter un contrat vendu. L'organisateur du marché assure contre le risque de contrepartie de la manière suivante. D'abord en demandant aux acteurs un dépôt de garantie (*deposit*) initial de quelques pourcents de la valeur du contrat, à l'achat comme à la vente, puis en procédant à des « appels de marge » pour couvrir instantanément les pertes potentielles, mesurées par la différence entre le prix auquel a été vendu/acquis le contrat et son prix actuel sur le marché. Ainsi, toute perte potentielle est couverte et, si un acteur fait défaut, l'organisateur du marché se substitue à lui pour honorer le contrat, supprimant ainsi le risque de contrepartie.

Sur les marchés à terme, les contrats étant standardisés et les opérateurs sur le physique s'adressant plus volontiers à leurs fournisseurs et clients habituels, quelques pourcents seulement des contrats donnent lieu à la livraison physique stipulée au contrat (alors que c'est plus fréquemment le cas avec les transactions *forward*, qui sont faites pour être livrées). Tous les autres contrats sont « dénoués », c'est-à-dire revendus ou rachetés au prix de règlement final, au *settlement price*, qui est le prix du comptant le jour de l'échéance. Chacun paie ou reçoit alors la différence entre prix d'achat ou de vente initial du contrat et prix de règlement. Les marchés à terme sont des marchés financiers d'échange des risques de prix. Et chacun exécute ses transactions physiques indépendamment, sur le marché physique au prix du physique.

Relation entre prix au comptant et prix à terme

Explicitons plus en détail les relations entre prix du physique et prix à terme. On l'a dit, à l'échéance d'un contrat à terme, le prix de ce contrat est égal au prix du comptant, du physique disponible immédiatement dans les entrepôts de la Bourse. C'est la possibilité d'exiger que le contrat soit honoré par une livraison physique qui introduit ce lien.

Le prix d'un contrat *future* à échéance t s'échange en Bourse au prix Pt, qui est, sauf par hasard, différent de celui du comptant, le prix spot du jour Pc. En effet, disposer du sous-jacent tout de suite ou plus tard en t n'est pas la même chose et n'a donc pas le même prix. La différence entre le prix d'un contrat à échéance donnée et le prix du comptant du jour est appelée la base Bt pour l'échéance t : Bt = Pt – Pc.

Si la base Bt est positive : Pt > Pc, il y a « report » (*contango*, en anglais).

Si elle est négative : Pt < Pc, il y a « déport » (*backwardation*).

La base peut-elle prendre n'importe quelle valeur ou est-elle limitée ? Si oui, par quoi ? Que signifient les situations de report et de déport ? Pour examiner ces questions, il faut analyser les possibilités d'arbitrage entre marché physique et marché à terme. Tout opérateur — industriel, négociant, banque d'affaires — détenant des stocks physiques peut en effet acheter et vendre à la fois sur le marché physique et sur les différents termes. Les opérations d'arbitrage s'appellent *cash and carry* quand on achète un stock physique (*cash*), qu'on le porte (*carry*) et qu'on vend simultanément un contrat à terme, *reverse cash and carry* quand on vend un stock physique et achète un contrat à terme.

Les opérations d'arbitrage conduisent à un équilibre de la base Bt. Cet équilibre égalise les gains et les coûts des opérations d'arbitrage. Par exemple, du côté des gains d'un arbitrage *cash and carry*, on trouve : la base Bt = Pt – Pc, puisqu'on vend à Pt et achète à Pc, mais aussi le *convenience yield* à détenir des stocks jusqu'à t, noté : CYt. C'est ainsi qu'on appelle en anglais la « valeur » associée à la détention de stocks physiques. Une traduction en français pourrait être : le rendement d'opportunité de la détention de stock physique. La détention de stock entre maintenant et t a en effet une valeur en soi, pour la même raison que des acteurs préfèrent détenir une partie de leurs avoirs en monnaie, plutôt qu'en titres financiers rémunérés : elle permet de faire face à des imprévus dans l'ordre de la production (par exemple, une commande supplémentaire) et de conserver la possibilité d'écouler ses stocks plus tard à un prix plus élevé. Du côté des coûts d'une opération de *cash and carry*, on trouve les coûts du

Figure 16. **Évolution de la base en fonction du niveau des stocks**

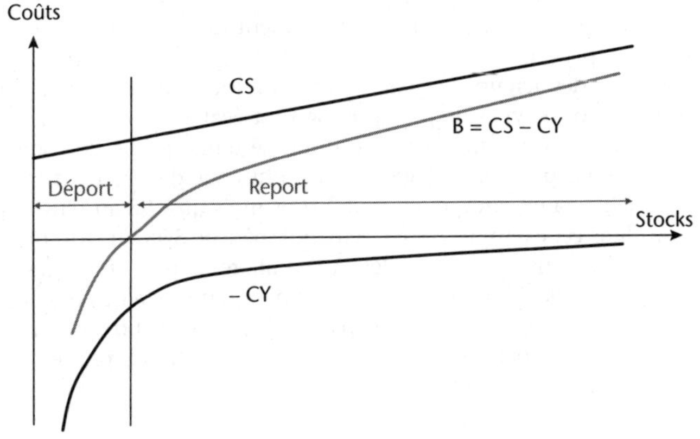

stockage physique en entrepôts jusqu'à t, ainsi que les coûts financiers associés à l'emprunt fait pour acheter le physique : CSt.

La relation d'équilibre entre prix au comptant Pc et à terme Pt s'écrit donc :

Bt + CYt = CSt.

Soit :

Bt = Pt – Pc = CSt – CYt.

La base est donc égale au coût physique et financier du stockage diminué du *convenience field.*

On conçoit que plus les stocks sont réduits dans l'industrie prise dans son ensemble, plus le CYt pour chaque détenteur individuel de stock est élevé. Réciproquement, le *convenience yield* marginal décroît quand augmente le niveau des stocks dans l'industrie : quand les stocks sont très élevés, il est facile de s'en procurer, et l'avantage d'en détenir diminue. Le coût marginal de stockage, quant à lui, est croissant avec le niveau des stocks dans l'industrie, car les capacités physiques de stockage sont limitées et de plus en plus coûteuses. La figure 16 donne donc l'évolution de la base B en fonction du niveau général des stocks.

En conclusion, un déport signifie une situation de stocks rares dans l'industrie, un report, une situation de stocks abondants. Le déport n'est en théorie pas limité, le report l'est par CS, le coût physique et financier du stockage.

Signification du prix à terme : le « déport normal » de Keynes

Les intervenants sur le marché à terme achètent ou vendent des contrats selon les anticipations qu'ils forment des prix au comptant futurs. Le prix qui se forme dépend donc de l'anticipation « moyenne » des acteurs du marché sur l'évolution future des prix du physique. Selon Keynes, le prix à terme t est égal à l'espérance de ce que sera le prix du comptant en t, diminué d'une prime de risque. Un spéculateur pur, s'il anticipe un prix physique de 100 dans trois mois, n'achètera en effet un contrat à trois mois qu'à 95 au plus, car il exige, dans cet exemple, un rendement espéré de 5 % sur trois mois pour prendre le risque de spéculer. À l'équilibre, le prix du contrat à terme est donc de 95. Il s'ensuit pour Keynes qu'un marché en report ($Bt = Pt - Pc > 0$) signifie une anticipation de hausse de prix, et qu'un marché où l'anticipation « moyenne » est la stabilité des prix est en « déport normal » ($Bt = Pt - Pc < 0$).

Le prix à terme rapproché comme prix de référence

Ainsi fonctionnent les marchés à terme de commodités. Les deux autres principaux marchés dérivés de commodités sont ceux des options et des *swaps* (voir encadré 4), qui sont eux-mêmes adossés aux marchés à terme. Sur les Bourses de commodités, le volume de transactions sur les marchés à terme est des dizaines, voire des centaines de fois plus important que sur le physique. C'est normal : l'essentiel des transactions physiques ne passe pas par la Bourse, en revanche tous les acteurs se couvrent sur la Bourse, nouant et dénouant leurs positions plusieurs fois pour la même cargaison physique, et tout le monde peut y spéculer aisément. La question importante est donc de savoir quel est le marché qui influence l'autre : le marché financier des contrats ou le marché physique ? Les tests économétriques de causalité sont sans appel. Quand un marché à terme est liquide, c'est-à-dire quand y interviennent en permanence un grand nombre d'acteurs variés, c'est lui qui détermine le prix, au sens où c'est lui qui enregistre en premier l'effet d'événements susceptibles d'influencer le prix. Le prix du physique ne fait que réagir aussitôt par arbitrage. Voilà pourquoi le prix à terme le plus approché (*nearby future*) est alors retenu comme le prix de référence mondial pour les contrats commerciaux. Puisque le prix de référence est fixé par le marché à terme, la question initiale sur le rôle de la spéculation sur les marchés dérivés est donc pleinement justifiée.

Encadré 4. Les options et les *swaps*

L'avantage des contrats à terme est de fixer par avance un prix d'achat ou de vente. Leur inconvénient est que la couverture contre un risque de hausse ou de baisse de prix interdit de bénéficier du risque opposé. S'assurer contre un risque de prix tout en pouvant bénéficier du risque opposé est possible avec les « options » d'achat ou de vente. Acheter une option d'achat (*call*) donne le droit, mais non l'obligation, d'acheter le sous-jacent à une échéance donnée à un prix fixé aujourd'hui, appelé « prix d'exercice » de l'option. Le prix d'achat de l'option est appelé « prime ». Un *call* permet de se couvrir contre une hausse du sous-jacent sans se priver du bénéfice d'une baisse. Acheter une option de vente (*put*) donne le droit, mais non l'obligation, de vendre le sous-jacent à une échéance donnée à un prix fixé aujourd'hui, le prix d'exercice de l'option. Un *put* permet de se couvrir contre une baisse du sous-jacent sans se priver du bénéfice d'une hausse. Une option est donc une assurance dont la prime est le prix d'achat de l'option. Qui vend des options ? Les banques, qui se couvrent elles-mêmes sur les marchés à terme des risques qu'elles prennent ainsi et ne font avec les options que « manufacturer » de nouveaux instruments de couverture et de spéculation avec une grande imagination. Beaucoup d'options s'échangent sur des marchés OTC, mais celles qui sont standardisées s'échangent aussi sur des marchés organisés.

Le principe général d'un *swap* est d'échanger, à des échéances prévues au départ, un prix fixe, convenu au départ, contre un prix variable, constatable sur un marché. Exemple : une compagnie aérienne a vendu des vols à un voyagiste à prix fixe pour les deux ans à venir. Elle veut fixer le prix de son kérosène (20 % du coût du billet) pour deux ans. Elle passe un *swap* avec une banque : 1) la compagnie paye (tous les mois par exemple) un prix fixe à la banque ; 2) elle reçoit de la banque le prix de marché (variable) du kérosène. Pour décider du prix fixe d'un *swap*, la banque doit disposer d'un modèle de prix et estimer un prix moyen. Elle décide de sa marge en fonction du risque et fixe ainsi le prix du *swap* : le prix moyen estimé plus la marge rémunérant le risque de prix supporté par la banque, qui est la prime d'assurance. La banque se couvre elle-même sur les marchés à terme et d'options ou décide de prendre une position spéculative.

Spéculation sur les marchés dérivés et instabilité des prix

La spéculation sur les marchés financiers que sont les marchés dérivés est très facile, accessible à tous, potentiellement très rentable et donc très risquée, car les marchés de commodités compétitifs sont amplement fluctuants. La spéculation amplifie-t-elle les fluctuations ? C'est une question d'actualité depuis la flambée des prix de 2007-2008, qui a provoqué des émeutes de la faim.

La courbe des prix d'une commodité avec marché à terme

Les marchés de commodités avec marchés dérivés déterminent non pas un seul prix pour livraison immédiate, mais une courbe de prix. Si ces marchés sont « parfaits », aucun arbitrage intertemporel n'est possible. À chaque instant existent des transactions sur chaque échéance, et elles déterminent l'ensemble de la courbe des prix futurs, à commencer par le prix du physique pour livraison immédiate dans un entrepôt donné. Il n'y a en vérité qu'un seul marché. Si, par exemple, les anticipations des acteurs sur le prix dans trois mois varient, faisant changer le prix du contrat à terme et des options à trois mois, des arbitrages entre le physique et toutes les échéances à terme vont modifier toute la courbe de prix. Ce sont donc les anticipations de l'ensemble des acteurs du marché sur l'ensemble des prix futurs qui forment la courbe des prix, dont le prix du physique au comptant.

La financiarisation des marchés

Quels sont donc les acteurs qui interviennent, à l'achat et à la vente, sur ces marchés « complets » de commodités (un marché est complet au sens de la théorie économique s'il fixe un prix pour livraison immédiate et toutes les échéances futures) ? La plupart des études cherchant à cerner le rôle de la spéculation distinguent deux catégories d'acteurs. D'abord, les acteurs « commerciaux », qui interviendraient à la fois sur le physique et sur les échéances futures. Ils sont supposés intervenir sur ces dernières essentiellement pour se couvrir. Ce sont les producteurs, les négociants, tous les détenteurs de stocks dans la filière, les transformateurs. Quant aux acteurs « financiers », on les définit comme ceux qui n'interviendraient que, ou principalement, sur les marchés dérivés, où ils prendraient pour l'essentiel des positions spéculatives.

Cette distinction est largement fictive. Tout d'abord, les acteurs commerciaux ne couvrent jamais totalement leurs positions sur le physique, donc ils spéculent, car ne pas se couvrir quand on le peut, c'est spéculer volontairement. Quant aux acteurs financiers, qui sont-ils ? Il s'agit des investisseurs institutionnels, des banques d'affaires, des *swap dealers*, c'est-à-dire des banquiers qui vendent des *swaps* de gré à gré et se couvrent sur les marchés organisés (le contraire d'une position spéculative, remarquons-le). Récemment se sont développés, en particulier pour les commodités minérales, des instruments appelés *exchange traded commodities* (ETC), qui sont en fait des *trackers* (traceurs) du prix d'une commodité ou d'un indice de prix des commodités. Ils sont proposés par des acteurs financiers qui interviennent à la fois sur le marché physique et sur les marchés dérivés pour se couvrir. Désormais, potentiellement n'importe qui, même un épargnant individuel *via* un ETC, peut intervenir, en fonction de ses anticipations sur les prix futurs, à la fois sur le physique et sur tous les instruments financiers. Quant aux grandes banques d'affaires, intervenants majeurs sur les instruments financiers, elles possèdent aussi des stocks physiques qu'elles utilisent en arbitrage. La distinction entre acteurs financiers agissant en couverture et acteurs financiers spéculateurs devient sans intérêt si les deux catégories ont les moyens de faire exactement la même chose. Quelle différence, par exemple, entre un *trader* d'une compagnie pétrolière et un spécialiste du pétrole dans une banque d'affaires, agissant pour sa banque ou pour le compte d'investisseurs ? Ce sont tous deux des professionnels très expérimentés, ayant accès au même type d'informations et visant le même but : la maximisation du rendement à risque donné. Tous deux interviennent à la fois sur les marchés physiques et sur les marchés dérivés. Tous deux arbitrent en permanence et se couvrent ou spéculent, selon les moments et selon leurs intérêts.

Ce qu'on appelle généralement « financiarisation » des marchés de commodités n'est donc pas l'apparition de deux groupes d'acteurs nettement différents par leur comportement. Elle désigne un double phénomène : 1) l'augmentation, en valeur absolue et surtout relative, du nombre des acteurs « financiers » qui n'intervenaient pas auparavant ; 2) l'augmentation et la sophistication du nombre des instruments disponibles pour exprimer une anticipation sur les prix. C'est le cas par exemple des ETC. En bref, la financiarisation est une forte augmentation quantitative et une diversification des acteurs qui ont la possibilité d'exprimer sur les marchés, avec des coûts de transaction extrêmement faibles, leurs anticipations sur l'évolution des prix futurs. Mais il n'est ni possible ni pertinent d'identifier entre eux des différences autres que leur attitude devant le risque, leur degré d'information et leur pouvoir de marché, s'il existe. L'attitude devant les risques est certes variable, mais ne recouvre pas la distinction entre commerciaux et financiers, elle traverse ces deux groupes : un fonds de pension n'a pas la même attitude devant le risque qu'un *hedge fund*. La taille n'est différenciante que si elle leur donne accès à un pouvoir de marché. Enfin, l'existence possible d'asymétries d'information peut faire de certains des « initiés » des acteurs mieux informés que d'autres ou informés avant les autres. Dans les deux derniers cas, il s'agirait d'« imperfections de marché », il y aurait donc matière et justification à intervention publique pour réduire ces imperfections, quelle que soit la nature des acteurs. Au fond, on est renvoyé à une question fort difficile : comment se forment les anticipations qui font les prix des commodités ?

Anticipations et prix

Les facteurs déterminant l'évolution future des prix des commodités sont relativement simples à définir et sont pour la plupart observables, même si c'est avec retard et de manière imparfaite. Il s'agit des facteurs qui : affectent les flux de production et de consommation, et donc le niveau des stocks disponibles ; affectent les flux de production, pour les commodités agricoles : les variations climatiques, les surfaces emblavées, les décisions de politiques agricoles ; pour les commodités minérales : les fermetures et ouvertures des mines et des puits, les engorgements logistiques, ainsi que des grèves ou des événements politiques ; affectent les flux de consommation, essentiellement la conjoncture économique, par grandes zones consommatrices. En prenant des positions de couverture ou de spéculation sur les échéances futures, tous les acteurs, qu'ils soient commerciaux ou financiers, peuvent exprimer leurs anticipations quant à l'évolution de ces facteurs « fondamentaux » et leurs conséquences sur les prix.

Cependant, sur ces marchés, comme sur tous les marchés financiers, le comportement « fondamentaliste », qui fonde ses anticipations sur l'observation (incomplète et retardée, ce qui fait que le pari sur l'avenir est inéluctable) des « fondamentaux », n'est pas plus rationnel que le comportement « chartiste », qui se préoccupe de prévoir avant tout le monde les envolées et les retournements de bulles fondées sur le mimétisme des anticipations. Il est donc incontestable qu'il existe, dans un système de marché complet, des possibilités de « bulles spéculatives rationnelles ». Leur moteur, fort bien décrit par Keynes, est que sur ces marchés qui font « commerce de promesses » [Giraud, 2009] et donnent donc un prix à l'avenir, il est préférable d'avoir tort (par rapport à l'évolution des fondamentaux) avec tout le monde que raison contre tous... à condition de sortir à temps !

Les études empiriques

La plupart des études empiriques de la spéculation sur les marchés de commodités sont fondées sur la distinction entre acteurs commerciaux et financiers. On l'a dit, cette distinction est à notre avis peu pertinente. Quand on l'utilise, on ne parvient pas à répondre à la question : « La spéculation déstabilise-t-elle le marché ? », puisque la spéculation est en partage entre les deux catégories d'acteurs. Ce qu'il faut retenir cependant, pour les commodités minérales, en particulier pour le pétrole, c'est que l'on n'a pas réussi à mettre en évidence un rôle spécifique de l'augmentation du nombre des acteurs potentiellement spéculateurs sur les fluctuations des prix.

Questions ouvertes

Une première question, de nature théorique, reste ouverte. C'est la question, en vérité ancienne s'agissant des marchés financiers, de savoir si l'augmentation du nombre des intervenants et l'augmentation du nombre et de la complexité des instruments accroissent ou au contraire réduisent les fluctuations des prix. Sur le plan théorique, la controverse n'est pas tranchée. Dans la théorie financière classique avec des *marchés efficients* et des *anticipations rationnelles*, plus il y a d'acteurs sur les marchés physiques et dérivés, plus les anticipations sont diverses, plus le risque est partagé et plus les prix sont stables. Mais on peut construire des modèles où, au contraire, l'augmentation du nombre des acteurs est déstabilisatrice [Guesnerie et Rochet, 1993]. La véritable difficulté dans ces modèles, et donc dans les modèles d'évolution des prix des commodités, est de formaliser les anticipations. Comment se forment-elles ? On est ici au cœur des difficultés, non pas seulement de la compréhension des prix des commodités, ni même des prix des titres financiers, mais des prix en général. C'est une question centrale de l'économie dans son ensemble.

Une seconde catégorie de questions, de nature empirique, se posent. Ces questions aussi restent encore largement ouvertes. En effet, les marchés de commodités ne sont pas parfaits au sens de la théorie. Ces imperfections peuvent venir d'asymétries d'information ou de situations de pouvoir de marché, dans lesquelles un petit groupe d'acteurs peut, en faisant varier ses achats et ses ventes, influencer les prix. L'identification des imperfections, de leur ampleur et de leurs conséquences sociales peut justifier l'intervention publique. Les propositions faites dans le cadre du G20 visent à réduire ce type d'imperfections. Les experts concluent qu'il faut avant tout augmenter la « transparence », c'est-à-dire réduire les asymétries d'information, tant des marchés physiques que financiers, et combattre les abus de position dominante en réglementant mieux. Ce sont d'excellentes intentions. On peut douter de leur applicabilité dans le monde du physique, où le montant des stocks ou des contrats peut être traité comme un secret commercial. On peut douter aussi qu'elles parviennent à autre chose qu'à réduire l'instabilité à la marge. Car aucune de ces mesures n'est susceptible d'atténuer les causes fondamentales de l'instabilité des marchés des commodités, qui, nous l'avons dit, se trouvent dans les déséquilibres du marché physique. La complétude des marchés et l'augmentation du nombre des intervenants ayant un rôle ambigu sur l'amplification de ces fluctuations.

C'est d'abord dans le domaine du physique qu'il faudrait intervenir, au moins dans les cas où les fluctuations ont des conséquences sociales et politiques jugées graves, c'est-à-dire, pour l'essentiel, dans le cas des commodités agricoles. On ne voit pas, dans ce domaine, comment intervenir autrement que : 1) à court terme, en constituant des stocks de sécurité et en réglementant les usages non alimentaires des terres ; 2) à plus long terme, en lançant d'ambitieuses politiques agricoles, notamment en Afrique, ce qui suppose le retour de pratiques de stabilisation des prix internes, voire de subventions provisoires locales des agricultures paysannes. Voyons cela plus en détail au chapitre V.

V / Politiques publiques d'atténuation des fluctuations de prix

L'instabilité des marchés agricoles a des répercussions économiques et sociales importantes. Les flambées des prix agricoles de 2007-2008 ont conduit aux « émeutes de la faim » qui ont secoué l'Égypte, Haïti, les Philippines, le Maroc et de nombreux pays d'Afrique subsaharienne. Ainsi, c'est essentiellement sur les marchés de commodités alimentaires que les efforts de stabilisation ont porté et portent encore. Les marchés de commodités minérales ont été et sont encore « maîtrisés », quand ils le sont, par les firmes et les États producteurs dotés de firmes publiques. Enfin, la situation du marché du pétrole est singulière. La stabilité des prix du pétrole dépend très largement des producteurs des pays du Moyen-Orient, qui peuvent avoir intérêt à des prix volatils qui réduisent l'incitation des opérateurs de la « frange concurrentielle » à investir dans le développement de nouveaux champs. Or personne n'envisage aujourd'hui de contrôler l'OPEP ou tout autre oligopole émergent avec la concentration actuelle que vit l'industrie minière. Dans ce chapitre, nous nous concentrons donc sur les commodités agricoles et, plus particulièrement, alimentaires.

Incidences de l'instabilité des prix des matières premières agricoles

Des prix agricoles élevés pénalisent bien entendu les consommateurs, particulièrement dans les pays en développement, où les populations dépensent plus de la moitié de leur revenu en alimentation. C'est pourquoi les premières politiques agricoles ont été avant tout des politiques alimentaires avec pour objectif premier de nourrir la population — des villes tout particulièrement, principaux foyers de contestation — à des prix abordables. À l'inverse, une hausse des prix des produits agricoles peut permettre aux producteurs d'accroître leurs revenus s'ils sont suffisamment intégrés au marché international (ce qui est loin d'être le cas dans la majorité des pays en développement). Quoi qu'il en soit, l'instabilité permanente des prix nuit aux décisions d'investissement et de production des acteurs de la filière. Elle affecte également la balance des paiements et les recettes fiscales des grands pays importateurs et exportateurs. Les pays importateurs confrontés à une hausse doivent exporter plus d'autres produits pour payer les importations agricoles, ce qui peut déprécier le taux de change. L'imprévisibilité des recettes budgétaires assises sur les échanges agricoles internes et externes rend d'autre part difficile la programmation budgétaire, ce qui peut engendrer des syndromes proches de ceux de la « malédiction des rentes minières » (voir chapitre VI).

Des réponses passées à l'efficacité discutée

Les tentatives d'accords internationaux de produits

À partir des années 1930, et pendant près d'un demi-siècle, l'intervention publique dans les marchés de matières premières a été importante. À la suite de la crise de 1929, les prix se sont effondrés, forçant les États à intervenir afin de les soutenir pour protéger les agriculteurs. À l'inverse, la Seconde Guerre mondiale puis la guerre de Corée ont provoqué des périodes de pénurie et de forte hausse des prix. Les États ont alors cherché à les maintenir dans des fourchettes « acceptables » tant pour les exportateurs que pour les importateurs, grâce à des contingents d'exportations ou des stocks régulateurs. Ce furent les « accords internationaux de produits », dont l'ambition première était de lisser l'instabilité des prix. Schématiquement, on peut différencier deux types d'accords de produits : ceux où la stabilisation des prix passe par une intervention directe des États (comme pour le blé en 1933, l'étain et le sucre en 1954, le café en 1962) et ceux où la stabilisation est assurée par les firmes de négoce, de transformation et/ou d'extraction qui contrôlent l'offre (soja, aluminium et diamant). De 1953 (fin de la guerre de Corée) à 1973, ces accords parviennent à stabiliser les prix internationaux de manière remarquable. En termes courants, les prix sont stables. En termes réels, ils diminuent du fait des gains de productivité.

La plupart de ces accords internationaux prennent fin dans les années 1980-1990. Pour des raisons idéologiques (désengagement des États qui s'accompagne de multiples déréglementations), mais également pour des raisons financières. En effet, les stocks régulateurs mis en place ne sont pas suffisamment robustes pour absorber des chocs de prix plus longs qu'anticipé initialement. D'autre part, et surtout, dans le cas de l'étain par exemple, parce que la fourchette de prix négociée entre producteurs et consommateurs est trop élevée et favorise la surproduction. L'accord sur le sucre est arrêté en 1984, celui sur l'étain fait faillite en 1985, celui sur le cacao s'arrête en 1988, celui sur le café en 1989. Ces accords se transformeront en simples forums où s'échangent statistiques et informations.

Au niveau national : contrôle des prix, de la production et des frontières

En complément des accords internationaux de produits, les pays ont mis en place des politiques nationales visant à protéger leurs marchés domestiques des fluctuations des marchés internationaux, en combinant des mesures de contrôle aux frontières à des mesures visant à réguler directement les prix domestiques.

Aux États-Unis, la politique de New Deal du président Roosevelt édicte l'*Agricultural Adjustment Act* (loi d'ajustement agricole) en 1933. Cette loi avait pour objectif de soutenir les producteurs américains en leur octroyant des crédits à faible taux ainsi qu'en leur versant des indemnités lorsqu'ils acceptaient de ne pas cultiver une partie de leurs terres ; l'ambition étant de réduire l'offre afin d'enrayer la baisse des prix de l'époque. Cette loi est la première pierre de ce qui deviendra plus tard le *Farm Bill*. Dans les pays anglo-saxons (Nouvelle-Zélande, Australie, Canada) sont mis en place des *marketing boards*, entités publiques qui achètent les productions agricoles auprès des exploitants pour les revendre ensuite afin de stabiliser les prix aux producteurs. En France, l'Office du blé est créé en 1936 par le Front populaire. L'État détient alors le monopole de l'exportation et importation du blé et de la farine, et conduit une politique dirigiste de prix afin de stabiliser le marché de cette céréale dont les cours s'érodaient inexorablement.

Après la Seconde Guerre mondiale, les politiques agricoles initiées sont renforcées et conduiront à isoler les principales économies agricoles, États-Unis et Europe, des fluctuations des marchés internationaux. La PAC (politique agricole commune) en Europe, mise en place en 1962, proposera par exemple des « prix garantis » aux producteurs souvent plus avantageux que les prix des produits importés. De même, les États-Uniens réguleront les prix de leurs principales commodités agricoles (céréales et oléagineux) en mobilisant entre autres des stocks publics (gérés par une agence fédérale appelée Commodity Credit Corporation).

À partir des années 1980, ces politiques agricoles sont progressivement remises en cause. Jugées coûteuses et inefficaces, elles sont progressivement réorientées, ce qui se traduit par une moindre intervention de l'État dans la régulation des marchés. En Europe, les prix garantis sont réduits au profit d'aides directes au revenu des producteurs, qui seront plus tard « découplées » des niveaux de production. Plus généralement, dans les pays riches, les politiques agricoles sont progressivement remplacées par des politiques rurales et environnementales. Dans les pays en développement, les programmes d'ajustement structurel réduisent *a minima* les interventions publiques sur les marchés. Sauf exception, les « caisses de stabilisation » mises en place en Afrique francophone, les *marketing boards* des anciennes colonies britanniques, sont progressivement abandonnées.

Aujourd'hui, les marchés agricoles mondiaux apparaissent donc de moins en moins régulés. De nombreux pays — émergents notamment — continuent toutefois d'intervenir de façon volontariste, et ce particulièrement lors des épisodes de flambée des prix agricoles. Ainsi, lors de la crise alimentaire de 2007-2008, plusieurs ont mis en place des mesures aux frontières afin de contrôler les importations et les exportations en modulant les droits de douane, les permis d'importer ou d'exporter, ou bien encore en restreignant les exportations. Prenons l'exemple du riz. Le 9 octobre 2007, le gouvernement indien, craignant que l'augmentation des prix du blé et du maïs ne se répercute sur le prix du riz, décide d'interdire les exportations de riz, hors basmati. Dans la foulée, début 2008, le Vietnam annonce également une restriction de ses exportations. Au même moment, la Chine augmente ses taxes sur les exportations de riz. Ces pays ont pu maintenir des prix du riz à des niveaux acceptables. En revanche, dans la même période, les prix mondiaux ont plus que doublé. De telles mesures ont le plus souvent été mises en place dans l'urgence, de manière unilatérale et sans coordination internationale. Réduisant l'offre internationale disponible, elles ont très souvent accentué les hausses des cours mondiaux.

Les débats actuels : atténuer les effets de la volatilité plus que la réduire ?

Les instruments de stabilisation des prix ont été contestés dès les années 1980, tant sur le plan académique que sur le plan politique. La stabilisation des prix n'est plus considérée comme souhaitable, car elle « fausse les signaux » envoyés aux producteurs et consommateurs. Elle est alors progressivement abandonnée. On ne cherche plus à stabiliser les prix, mais à réduire les effets de l'instabilité des prix grâce à divers instruments de couverture des risques (contrats à terme, assurances récolte et climat, etc.), complétés le cas échéant par des filets de sécurité adaptés aux populations vulnérables. C'est désormais la doctrine défendue par les principales institutions internationales (FAO, Banque mondiale, OCDE, FMI). Elle inspira, par exemple, les travaux réalisés en 2011 lors de la présidence française du G20 sur le sujet. Elle est décrite plus précisément ci-après.

Pour réduire les fluctuations des matières premières, les leviers préconisés sont les suivants :

— *améliorer l'information sur les marchés et leur transparence,* car l'information sur les fondamentaux des marchés agricoles reste opaque. Ce manque d'information nuit à la compréhension des fondamentaux. Il s'agit toutefois de concilier confidentialité et secret industriel avec transparence, ce qui représente un réel défi géostratégique pour lequel de nouveaux instruments, gérés à l'échelle internationale, doivent être imaginés (tel le système d'information sur les marchés agricoles, l'AMIS, créé lors du G20 agricole) ;

— *mettre en place des marchés à terme.* Ces derniers permettent aux acteurs de se couvrir contre une variation des prix. Les incidences de la financiarisation des marchés de matières premières sur leur volatilité restent toutefois ambiguës (voir chapitre IV) ;

— *réduire les barrières aux échanges.* Les échanges sont un moyen d'atténuer les variations de prix. Ils permettent en effet de « tamponner » les fluctuations de production, aussi bien saisonnières que géographiques. Le débat sur le lien entre libéralisation des échanges et instabilité des prix est toutefois complexe. La libéralisation permettrait de réduire l'instabilité des prix des produits agricoles lorsque les facteurs d'instabilité sont exogènes, tel un choc climatique. En effet, un élargissement des marchés permet d'absorber plus facilement les chocs. En revanche, lorsque ces facteurs sont plutôt endogènes (contraintes de liquidité des agriculteurs, erreurs d'anticipation des agents, rigidité de la demande...), une libéralisation pourrait aggraver l'instabilité ;

— *repenser certaines politiques de soutien nationales.* Quand les grands pays agricoles ont instauré des politiques visant à protéger leur marché intérieur et à stabiliser les prix, ce sont les quantités excédentaires qui se reportaient sur le marché mondial. Ces politiques conduisaient *in fine* à exporter de l'instabilité au détriment des pays en développement notamment. D'autres politiques publiques, telles les politiques de soutien au développement des biocarburants, sont particulièrement pointées du doigt. Les biocarburants sont souvent présentés comme de grands responsables des épisodes de flambée des matières premières agricoles. Depuis le début des années 2000 et grâce à un fort soutien de la part des gouvernements, la production de biocarburants a crû significativement. On estime ainsi que près de 20 % de la production de sucre de canne et 9 % de certains oléagineux et protéagineux ont été utilisés pour cette production. Usages alimentaires (tant animaux qu'humains) et usages énergétiques sont donc en concurrence pour une même ressource. C'est pourquoi certains souhaitent flexibiliser la demande de biocarburants en introduisant des possibilités de remise en cause des objectifs d'incorporation lors de tensions fortes sur les prix des céréales et des huiles. L'ampleur de l'effet de la production de biocarburants dans les épisodes de flambée des prix agricoles reste toutefois fort débattue.

Au-delà, il s'agit surtout de mettre en place des instruments permettant d'atténuer les conséquences négatives de l'instabilité des prix agricoles. Pour cela, les propositions suivantes sont mises en avant :

— développer les instruments de gestion du risque pour les producteurs. Dans les pays développés, il s'agit d'inciter les agriculteurs à se couvrir eux-mêmes contre la plupart des risques, par des assurances ou en vendant et achetant sur les marchés à terme. La situation est différente dans les pays en développement, où les marchés financiers et de l'assurance restent embryonnaires ;

— mettre en place des « filets de sécurité nationaux », tant pour les producteurs que pour les consommateurs. Pour les ménages, cela peut prendre la forme de transferts monétaires ou de nourriture. Pour les producteurs, cela peut se faire par un soutien ciblé et temporaire, à l'utilisation d'intrants par exemple. Il est évidemment considéré comme important que ces programmes restent temporaires ;

— développer les stocks alimentaires d'urgence : de petites réserves alimentaires peuvent être utilisées à un coût raisonnable pour soutenir les populations les plus vulnérables. Le fait que ces réserves restent de petite taille permet de ne pas affecter les activités agricoles locales.

Cette doctrine portée par les institutions internationales reste toutefois controversée. Notamment dans le cas des pays en développement, où les instruments de gestion du risque sont très peu développés. Les divergences de vue portent principalement sur la pertinence de l'intervention publique dans la stabilisation des prix, et plus particulièrement sur le rôle des stocks publics. Si l'utilité des stocks alimentaires d'urgence fait consensus, il n'en est pas de même des autres formes de stockage public. Les expériences passées auraient montré les limites de ce type d'instrument, jugé coûteux et complexe à administrer, avec des effets d'éviction sur les stockages privés. Certains auteurs tentent toutefois de réhabiliter ce type d'instrument en identifiant les conditions de leur efficacité [Boussard *et al.*, 2013]. Enfin, il faut souligner que l'affaiblissement des régulations étatiques, toujours imparfaites, au profit des mécanismes de marché ouvre la voie à des « imperfections de marché ». En particulier l'exercice de pouvoirs de marché par des oligopoles en amont et en aval du fermier. Il faut donc mettre en balance imperfections des régulations et imperfections des marchés.

VI / Matières premières, croissance soutenable et réduction de la pauvreté

Dans ce dernier chapitre, nous élargissons encore le champ d'analyse, revenons et concluons sur le rôle des ressources naturelles dans un développement soutenable. Nous évoquerons le débat sur le rôle de la nature et du secteur primaire dans la richesse des nations. Nous analyserons deux cas où des ressources naturelles mal exploitées et/ou mal utilisées sont source de trappes à pauvreté et de stagnation économique. Enfin, nous examinerons comme annoncé ce que sont aujourd'hui les grands enjeux d'un développement soutenable en ce qui concerne les ressources naturelles.

Les ressources naturelles, facteur de développement

Le développement d'un pays a longtemps été présenté comme une succession de phases : de civilisations agricoles à des civilisations industrielles, puis tertiaires, s'affranchissant progressivement de leur environnement naturel. Par exemple, Rostow décrit cinq étapes : « société traditionnelle », « prédécollage », « décollage », « ère de consommation de masse », « développement » [Rostow, 1960]. Une transition clé est le passage de communautés de chasseurs-cueilleurs, quasi exclusivement dépendantes de leur environnement naturel, à celles d'agriculteurs, domestiquant certaines espèces d'animaux et cultivant des plantes à haute valeur nutritive. Le surplus dégagé dans l'exploitation des ressources naturelles permet alors à ces sociétés de se sédentariser, de nourrir une population croissante et de développer des activités non liées aux ressources naturelles.

Lewis, dans un modèle d'économie « duale », explicite les interactions entre un secteur traditionnel « en retard » et un secteur moderne « en croissance ». Il donne également un rôle clé aux ressources naturelles lors des phases initiales du développement. L'agriculture est présentée comme un secteur dont les gains de productivité sont proches de zéro et qui dissimule un chômage de masse. Il est donc possible de réorienter ce surplus de main-d'œuvre vers les secteurs « modernes » à productivité croissante [Lewis, 1954].

Toujours dans les années 1950, Prebisch et Singer élaborent une théorie dite de la dépendance. Ils tentent d'expliquer les écarts de développements entre pays développés du « centre » et pays en développement de la « périphérie ». Selon eux, on assisterait à une érosion relative des prix des matières premières (tant les denrées agricoles de base que les produits miniers) exportées par les pays du Sud, eu égard aux prix des produits manufacturés importés des pays du Nord. Cette dégradation des termes de l'échange tend à enfermer les pays en développement dans une spécialisation primaire appauvrissante [Prebisch, 1950].

L'analyse historique des révolutions industrielles en Europe a également permis de mieux comprendre et d'illustrer les interactions entre secteur primaire et développement. En Angleterre, l'*Enclosure Act* (qui définit l'embocagement des pâturages) a libéré une main-d'œuvre misérable qui s'est entassée dans les taudis urbains et a permis le développement du secteur industriel qui a disposé alors de suffisamment de « ressources humaines » pour entamer sa révolution. En retour, la révolution industrielle apportait la mécanisation aux agriculteurs, et d'importants investissements ont été réalisés dans la recherche scientifique agricole, les infrastructures rurales, etc. On peut évoquer un autre canal, entraînant le développement des industries extractives de charbon qui apporteront l'énergie peu chère nécessaire au développement des activités industrielles : la déforestation. Le manque de bois en Angleterre a en effet incité à développer de nouvelles sources d'énergie. À travers ces quelques exemples, on appréhende donc le rôle essentiel des ressources, qui, par leur rareté, et donc la nécessité de s'en affranchir (*via* le progrès technique ou un substitut), ou leur abondance, et donc les rentes engendrées, pouvant être affectées à d'autres secteurs, ont contribué au passage d'une phase à l'autre du développement économique.

Le secteur primaire a donc longtemps été pensé comme un secteur primitif, moteur lors des étapes initiales du développement, mais voué à devenir marginal au fur à mesure que les pays se développent, au profit de l'industrie, puis du secteur tertiaire. Il a ainsi été très largement ignoré des stratégies de développement, axées sur l'industrie. Cette vision tend toutefois à évoluer, et le secteur primaire est de plus en plus présenté comme un moteur de développement au-delà des seules phases initiales.

En ce sens, le rapport de la Banque mondiale sur le développement publié en 2008 est révélateur. Notons d'abord que, avant lui, le dernier *Rapport sur le développement dans le monde* portant sur l'agriculture datait de 1982. Il critique plusieurs lieux communs et propose une image renouvelée d'un secteur agricole porteur de croissance et innovant. Les auteurs montrent par exemple que les gains de productivité dans le secteur agricole de cinquante pays en développement ont été de 0,5 % à 1,5 % plus élevés que dans le reste de l'économie. Ces gains de productivité sont en grande partie liés aux efforts de recherche et développement. Loin de son image « primitive », le secteur agricole est en effet un secteur innovant. Les innovations sont aussi bien techniques (nouvelles variétés, génétique, nouvelles pratiques culturales) qu'organisationnelles (en matière de sécurisation foncière notamment) ou encore financières (en matière d'accès à des services bancaires ou à des assurances). De plus, au-delà de sa contribution à la croissance, le secteur agricole est un levier essentiel pour la réduction de la pauvreté, qui est encore aujourd'hui très largement rurale. Et l'environnement naturel reste pour beaucoup, encore plus pour les plus pauvres, un filet de sécurité indispensable en cas de crise.

De même, avec l'appétit croissant des pays émergents, les ressources minérales voient leurs prix tendanciellement augmenter. On est loin de la baisse relative des prix des matières premières prévue par les théoriciens de la dépendance dans les années 1960. Ces ressources minérales peuvent donc être une source importante de croissance. En effet, le secteur minier attire les investissements étrangers, crée des emplois à la fois directs (dans le secteur extractif) et indirects (chez les fournisseurs), et enfle les revenus de l'État ; à condition de savoir gérer cette « manne », nous y reviendrons.

Ressources naturelles et trappes à pauvreté

Le capital naturel est rarement cité parmi les causes de trappes à pauvreté. Pourtant, il est toujours complémentaire du capital humain dans les activités agricoles et souvent complémentaire du capital humain en milieu urbain, en ce qui concerne par exemple la qualité de l'eau potable ou de l'air. En conséquence, une dégradation initiale du capital naturel engendre une dégradation du capital humain, qui entraîne à son tour une dégradation du capital naturel, et ainsi de suite. On a donc là une trappe à pauvreté.

De plus, certaines caractéristiques des ressources renouvelables sont encore mal prises en compte dans les modèles de croissance. Deux caractéristiques sont négligées, car elles sont souvent techniquement difficiles à prendre en compte dans les modèles :

— l'existence de phénomènes de seuil provoquant des irréversibilités (par exemple, disparition d'espèces, arrêt du Gulf Stream) ou des temps très longs de reconstruction des capacités productives du milieu naturel (déforestation, désertification, épuisement d'une ressource halieutique, abaissement et pollution des nappes) ;

— l'importance des externalités positives et négatives sur d'autres formes de capital. Elles peuvent être considérables, en particulier à l'approche des seuils mentionnés ci-dessus. Ces externalités sont des imperfections de marché. Définir des politiques sans en tenir compte peut conduire à de graves inefficacités.

Ces deux caractéristiques — les externalités, en particulier du capital naturel sur le capital humain, et la spécificité des effets de seuil pour les ressources naturelles — sont présentées dans l'encadré 5 avec une illustration graphique du modèle de croissance que nous appelons le « modèle aux élastiques » [Giraud et Loyer, 2008]. Il esquisse ce que pourrait être un modèle de croissance tenant compte des spécificités du capital naturel. *A contrario*, il montre comment délaisser le capital naturel conduirait à compromettre la rentabilité des investissements dans les autres capitaux.

La logique du « modèle aux élastiques » est ici illustrée par le capital naturel d'un sol cultivé, mais on connaît bien d'autres exemples de ressources naturelles renouvelables auxquelles elle s'applique : un stock halieutique mal géré et surpêché, la disparition du couvert boisé et ses conséquences sur le régime hydrologique aval, les zones de pâturage surexploitées, etc.

« Investir dans le capital naturel » concerne évidemment des actions physiques de préservation de l'environnement, telles que la création d'aires protégées, la restauration du couvert boisé, mais aussi la création d'institutions et de règles pour gérer de manière raisonnée une ressource naturelle, par exemple la cogestion d'une pêcherie entre un syndicat de pêcheurs et l'administration des pêches, ou la mise en œuvre de plans de gestion durable de forêts exploitées. Cela peut aussi nécessiter des infrastructures et des efforts de formation. Ainsi, le « modèle aux élastiques » initie un mode d'emploi du développement durable qui rééquilibre les choix de financement sectoriels en fonction de leur contribution aux quatre capitaux.

Certes, la possibilité de brusques effondrements et l'ampleur des externalités sur les autres capitaux ne sont pas propres au capital naturel. Ainsi, le capital social les connaît aussi, avec le déclenchement de guerres, civiles en particulier, et même le capital physique dans des épisodes exceptionnels comme les tremblements de terre et les tsunamis. Mais elles sont quasi générales pour le capital naturel renouvelable, surtout d'origine anthropique.

Encadré 5. Le modèle aux élastiques

La fonction de production est à quatre facteurs : naturel, technique, humain, social. Le niveau de revenu W☺ dépend de la quantité accumulée des quatre capitaux. Dans cette représentation graphique, la fonction de production W = f (N,T,H,S) est représentée par le fait que le niveau W est « accroché par des élastiques » au sommet des quatre « piliers » que sont les stocks de capitaux.

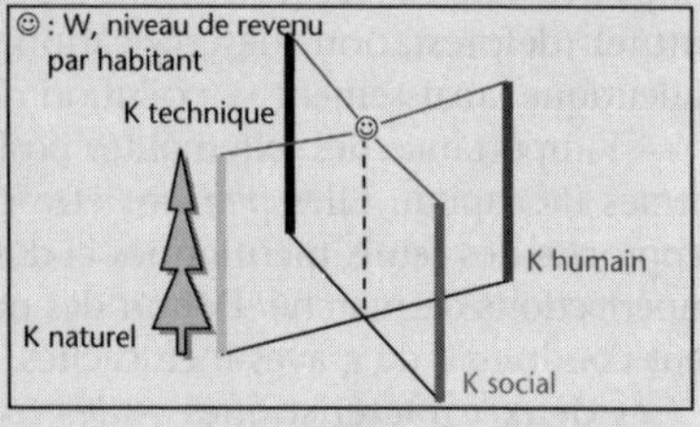

On connaît de nombreux exemples où la croissance est fondée sur une consommation excessive de capital naturel. Prenons l'exemple classique en Afrique de modes de culture inadaptés à la densité croissante de la population et qui dégradent la fertilité des sols. Il y a ainsi une baisse progressive du capital naturel et donc des rendements jusqu'au moment où on atteint un certain seuil S au-delà duquel il y a un effondrement de la fertilité et surtout des rendements.

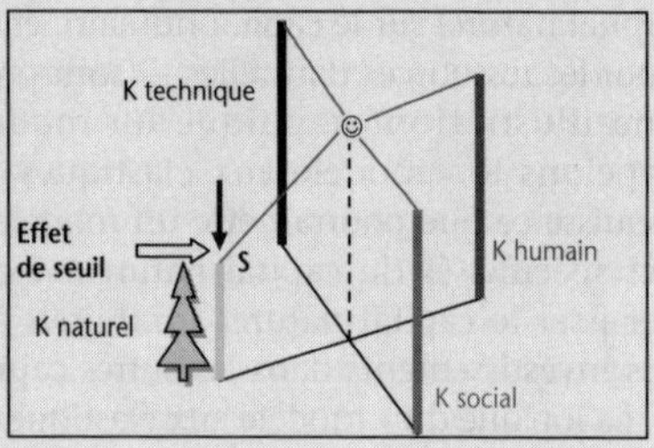

Passé le seuil S, le sol devient stérile. Le paysan tombe dans la catégorie du manœuvre non qualifié et cherche un autre travail. Son capital humain perd ainsi de la valeur ou, autrement dit, le paysan ne peut plus exprimer les connaissances d'agriculteur qu'il avait (savoir-faire, semences adaptées...) : c'est l'externalité négative qu'engendre sur son capital humain un niveau insuffisant de capital naturel. Le revenu ☹ diminue fortement.

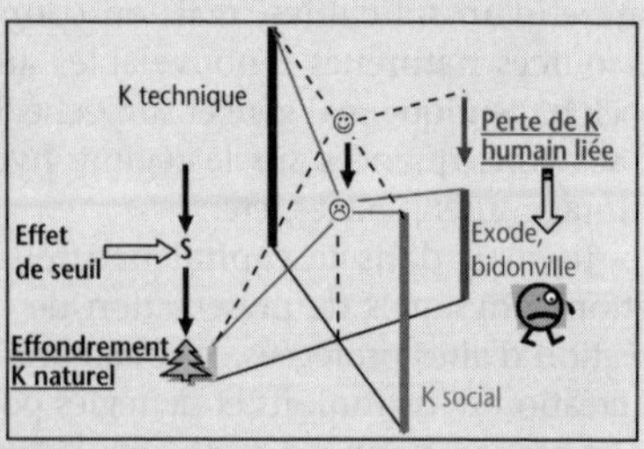

On conçoit que, en approchant du seuil, un investissement qui stoppe la dégradation du capital naturel et l'empêche de franchir le seuil S a une très grande rentabilité sociale et doit être privilégié. Cela vient de ce que les phénomènes de seuil induisent des non-linéarités dans le processus de croissance, qui, il faut le reconnaître, sont difficiles à modéliser.

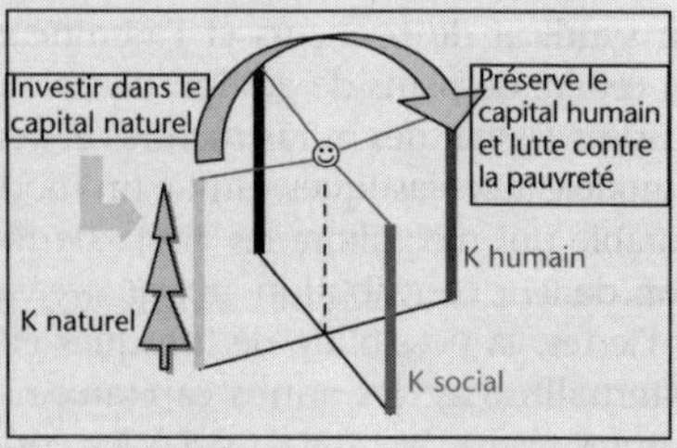

La malédiction des rentes minières et pétrolières

Le caractère en principe positif pour la croissance économique d'un territoire de la perception par l'État de rentes minières et pétrolières est avéré dans certains pays, tels la Norvège, l'Alaska ou le Botswana. Cependant, dans un grand nombre d'autres pays, l'apparition d'une rente s'accompagne de processus de déstabilisation économique dont l'ensemble fait parler de « malédiction des ressources minières ». La rente est en effet susceptible de déstabiliser une économie pour trois types de raisons :

1) elle favorise le secteur extractif au détriment de secteurs industriels ou de services dont la croissance potentielle est plus élevée (c'est ce qu'on appelle le « syndrome hollandais » : l'augmentation des exportations minières ou pétrolière fait augmenter le taux de change, ce qui pénalise les autres secteurs exportateurs qui régressent. Si ces derniers avaient une croissance potentielle plus forte que celle du secteur extractif, la croissance ralentirait) ;

2) lorsqu'elle est très fluctuante, ce qui est généralement le cas puisque le prix des minerais est très fluctuant, la rente encourage une gestion chaotique des dépenses publiques qui subissent des coups d'accordéon inefficaces et conduisant généralement à un surendettement ;

3) parce qu'elles passent non seulement aux mains de l'État, mais par un petit nombre de mains au sein de l'État, les rentes favorisent la corruption, le mauvais usage des fonds publics et la généralisation de comportements rentiers au détriment de comportements d'entrepreneurs productifs.

De manière schématique, un État rentier peut être représenté par la figure 17. On distingue cinq secteurs : extractif, public rentier, privé formel rentier, informel urbain, rural. Les flèches indiquent les flux de revenus entre secteurs. Le secteur extractif et une partie du secteur privé formel rentier sont constitués d'emplois soumis à la compétition internationale, le reste de l'économie pour l'essentiel d'emplois qui en sont protégés. Le secteur extractif exporte les matières premières et détourne directement vers l'extérieur une partie de la rente qui pourrait revenir à l'État, soit parce que celui-ci est en asymétrie d'information avec une compagnie extractive étrangère et n'a pas les compétences nécessaires pour bien négocier les contrats, soit tout simplement parce que c'est le prix d'une corruption de ceux qui ont négocié des contrats dans le pays. L'État rentier reçoit des revenus en devises sous forme de rente. Il distribue (flèches gris foncé) une partie de ces revenus sous forme de commandes publiques à un secteur privé formel. Nous avons qualifié ce secteur privé de « rentier » car il vit essentiellement des commandes publiques issues des rentes ainsi que de leur circulation dans l'économie et connaît une situation très peu concurrentielle. L'État rentier distribue aussi une partie de la rente au secteur informel urbain qui fournit des services locaux. Ce dernier en rétrocède une toute petite partie au secteur rural. La faiblesse des articulations entre secteur rural et secteur informel urbain caractérise les économies rentières. L'informel urbain cherche en effet avant tout à vivre du « ruissellement » de la rente dans les villes et non à s'articuler avec le secteur rural. Les flèches noires représentent les achats à l'étranger des différentes catégories d'acteurs, payés en devises. Si la rente diminue, alors que les habitudes de consommation en devises persistent, il faut que l'État se procure de nouvelles devises en s'endettant (flèche « dette »).

Le schéma indique en flèches pointillées les flux qui sont entravés par les comportements rentiers dans un État rentier. Ces entraves stérilisent un certain nombre d'interactions économiques qui font la croissance « endogène » de pays non rentiers.

La malédiction des matières premières se traduit donc par :

— une incapacité du secteur privé formel d'être lui-même exportateur en s'appuyant sur d'autres avantages compétitifs du pays (il en existe toujours). Dans ce secteur, il est beaucoup plus facile et rentable de chercher à capter une partie de la rente, grâce à des « relations » avec ceux qui la contrôlent, que d'affronter la compétition mondiale. Pour les mêmes raisons, la croissance endogène au sein du secteur formel urbain est faible : vivant confortablement des rentes et de ses monopoles d'importation, il continue d'importer presque tout ce qu'il consomme alors qu'il pourrait susciter des productions locales ;

— une faible interaction entre les deux secteurs urbains, formel et informel, et le monde rural, car les États rentiers importent l'essentiel de leur nourriture, ce qui signifie l'abandon des campagnes. Si bien que la moindre crise, par exemple climatique, se solde par un exode rural massif, dans l'espoir de pouvoir récolter en ville quelques miettes de la distribution de la rente. Les États entiers se caractérisent ainsi par une hypertrophie des villes et, dans les villes, par une hypertrophie du secteur informel ;

— une croissance endogène très faible dans un monde rural laissé à l'abandon et vivant en quasi-autarcie, ainsi qu'au sein du secteur informel urbain, où les comportements de recherche de rente l'emportent aussi sur les comportements productifs. Le secteur informel urbain productif (petit commerce et artisanat, taxis...) est d'ailleurs souvent composé d'étrangers, qui constituent la variable d'ajustement en cas de variation de la rente.

Figure 17. **Flux de revenus dans un État rentier**

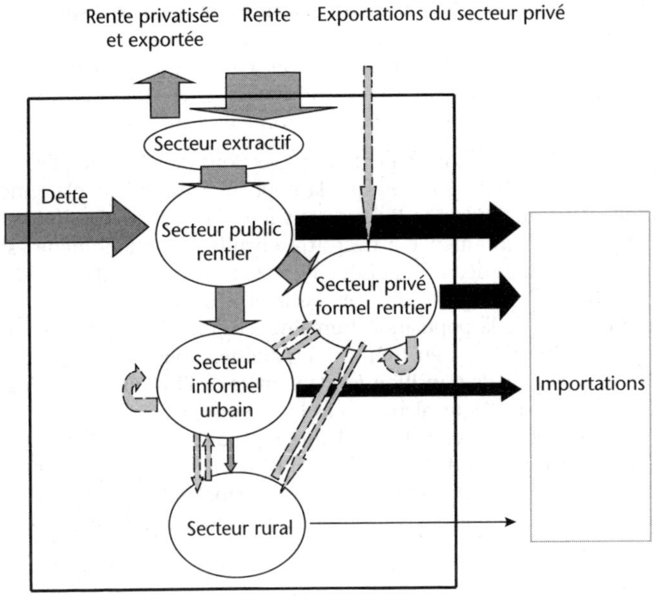

Ce sont ces échanges économiques, aujourd'hui entravés par les comportements rentiers, que les politiques visant la croissance et la diversification de l'économie devraient prioritairement viser : favoriser une croissance endogène du secteur rural, des secteurs formels et informels urbains, et des échanges entre eux ; et naturellement favoriser une diversification de l'économie, en particulier l'industrialisation, qui reste la seule voie d'un véritable rattrapage.

Les grands enjeux de la gestion soutenable du capital naturel

Venons-en pour finir à la question des principaux défis que nous pose aujourd'hui la gestion durable du capital naturel. Quelles sont les ressources que nous « épuisons » dangereusement pour nous-mêmes et les générations futures ? Afin de caractériser et de hiérarchiser les enjeux pour le siècle en cours, il faut partir de la démographie, raisonner à partir des besoins humains fondamentaux : l'alimentation, l'énergie et les matériaux, s'interroger dans ces trois domaines sur le problème des ressources et, enfin, examiner la question des rejets.

La démographie

L'ONU effectue régulièrement des projections démographiques. La projection « centrale » prévoit que la population mondiale plafonne autour de 9 milliards d'individus dans le dernier quart du siècle et probablement commence à décroître ensuite. Ce phénomène est d'une importance décisive, puisque l'horizon malthusien dans lequel nous vivons depuis la fin du XVIIIe siècle et le début de la croissance exponentielle de la population humaine, et donc de sa consommation de ressources, est en train de disparaître. Nous sommes entrés dans une période de transition fondamentale de l'histoire de l'humanité, qui n'a pas d'équivalent depuis le néolithique.

Une seconde caractéristique démographique essentielle est que cette population mondiale stabilisée et vieillie habitera pour l'essentiel dans des villes, dans de très nombreuses mégapoles. Les villes concentreront ainsi l'essentiel des consommations d'énergie et de matières de l'humanité.

L'alimentation mondiale

La première question à se poser est donc de savoir si les terres disponibles et les techniques agricoles suffiront à nourrir correctement 9 milliards de personnes. La réponse apportée par les agronomes est positive, sous certaines conditions cependant. Parmi ces conditions : une profonde réforme des politiques agricoles, une véritable révolution « doublement verte ». Il s'agit d'une forme d'augmentation des rendements agricoles qui respecte les cycles naturels, s'appuie sur des méthodes fondées sur les biotechnologies, adopte des pratiques culturales comptant plus sur la fertilité naturelle du sol que sur sa fertilisation chimique et privilégie les luttes biologiques contre les prédateurs, associée à des investissements significatifs en infrastructures et en capital humain et social. C'est en particulier un enjeu crucial pour l'Afrique, qui comptera 2,5 milliards d'individus en 2050.

On ne saurait cependant se passer totalement d'engrais chimiques, en particulier de phosphate, élément insubstituable dans la croissance des végétaux. On ne se passera pas non plus d'une mécanisation de l'agriculture et, par conséquent, de la consommation de combustible.

La soutenabilité de la production agricole renvoie donc à celle de la production d'intrants minéraux et d'énergie.

Les matières premières minérales non énergétiques

Dans la seconde moitié des années 2000, des inquiétudes se sont manifestées quant à la disponibilité des réserves de phosphate, comme il a été dit, mais aussi de lithium pour les batteries de véhicules automobiles et des terres rares utilisées dans un certain nombre de technologies optoélectroniques de pointe. Certains auteurs se sont inquiétés de l'imminence d'un « pic de production » de phosphate rocheux et par ailleurs d'une position de monopole du Maroc qui concentre (avec la Chine qui les utilisera pour elle-même) une grande partie des réserves mondiales de phosphate à bas coût de production [Cordell, 2010]. Or le phosphate est et restera un élément indispensable à une agriculture susceptible de nourrir 9 milliards d'hommes. Dans cette polémique, l'élasticité au prix des réserves de phosphate est fortement sous-estimée. Un doublement du prix des phosphates bruts, qui n'aurait qu'un effet très modéré sur la hausse des coûts de production agricole (quelques pourcents), permettrait très certainement d'augmenter très significativement et de repousser au-delà du siècle l'horizon d'un pic de production de phosphate, dans tous les scénarios vraisemblables d'évolution de la production agricole mondiale et de sa consommation de phosphate brut.

Quant au lithium et aux métaux « technologiques », comme les terres rares ou le tantale, il est vrai que des évolutions technologiques engendrent des perspectives de forte augmentation de la consommation de ces substances, alors que la recherche minière et les exploitations existantes avaient été calibrées pour des perspectives de consommation beaucoup plus modérées [Yaksic et Tilton, 2009]. Dans les deux cas, du fait de la hausse des prix que ces anticipations engendrent et grâce à la recherche minière articulée à une nouvelle évaluation de la possibilité d'exploiter ces substances dans les montagnes de « stériles » des anciennes mines (où elles étaient rejetées car leur prix ne justifiait pas leur extraction), il fait peu de doute qu'à terme l'on assiste à une augmentation de l'offre susceptible de soutenir pendant de nombreuses années les évolutions de la demande. Ce d'autant que dans ces techniques, comme celles des batteries ou les techniques optoélectroniques, des substitutions entre matériaux sont toujours possibles, si leurs prix relatifs varient.

Pour l'ensemble des autres minerais non énergétiques, les réserves ultimes sont très certainement beaucoup plus importantes que les réserves actuellement prouvées, et surtout très élastiques au coût limite d'extraction. Tout au plus, pour certaines ressources minérales, faut-il s'attendre à ce que l'on ait atteint le creux de l'évolution sur longue période des prix, et qu'on soit entré dans la phase de coût d'extraction et donc de prix croissant. Ceci facilitera l'augmentation des taux de recyclage pour les ressources le permettant, ainsi que la recherche et l'apparition de substituts pour les autres. Cependant, toutes ces ressources minérales exigent, pour être exploitées, puis utilisées dans les objets qu'elles contribuent à produire, beaucoup d'énergie ; il faut alors en venir à la question de l'énergie.

Les ressources énergétiques

Nous l'avons vu, on commence à pouvoir estimer les réserves ultimes de pétrole à un prix inférieur à ceux des substituts, qui sont nombreux. On peut également risquer quelques conjectures sur la date du pic de production du pétrole conventionnel. Mais tel n'est pas le cas pour le gaz, comme en témoigne la découverte récente du gaz et du pétrole de schiste, qui a significativement fait augmenter les réserves. Cela illustre bien l'augmentation du volume des réserves à un coût donné sous l'effet des innovations techniques (voir figure 2, chapitre II). Les réserves ultimes de charbon sont encore beaucoup plus mal connues. Le débat sur les réserves ultimes de carbone fossile est de toute façon vain, tant il est certain qu'on dispose d'ores et déjà de « trop » de carbone fossile. Trop, naturellement, par rapport à une autre contrainte, celle posée par le changement climatique. Si l'on en croit le GIEC, pour avoir une probabilité de 0,66 de limiter l'augmentation de température moyenne à 2 °C à la fin du siècle, il ne faut pas dépasser, à partir de 2012, des émissions cumulées de 1 000 milliards de tonnes de CO_2, soit vingt-cinq ans d'émissions actuelles. D'où l'absolue nécessité de commencer très vite à les réduire. Or les réserves prouvées de carbone sont de 225 milliards de tonnes de pétrole, 890 milliards de tonnes de charbon et 210 000 milliards de mètres cubes de gaz naturel (source : World Energy Council). Si tout est brûlé, l'émission totale serait de 4 000 milliards de tonnes de CO_2, soit quatre fois trop.

À quel coût seront disponibles ces ressources « trop abondantes » en carbone fossile ? L'industrie du charbon et, de façon croissante, celle du gaz naturel, avec le développement des gaz de schiste et du GNL (gaz naturel liquéfié), sont compétitives à l'échelle mondiale ; l'accès aux réserves n'est pas restreint par les États dans de nombreux pays (dont les États-Unis), et surtout d'immenses réserves, parmi le trop dont on dispose déjà, ont des coûts d'extraction proches, voire inférieurs si le progrès technique s'en mêle, aux prix de marché actuels. On peut donc considérer que les prix internationaux du gaz et du charbon ont atteint un plateau, avec de possibles oscillations provoquées principalement par les goulots d'étranglement dans le transport.

Quant au pétrole, en 1998 (le prix moyen du baril de *brent* en 1997 était de 18 dollars), les géologues de l'ASPO (Association for the Study of Peak Oil) avaient bien raison d'annoncer *the end of cheap oil* [Campbell et Laherrère, 1998]. Mais, après les hausses des années 2004-2008, le prix du pétrole a atteint un plafond (autour de 100 dollars le baril), parce qu'il rentabilise les XTL. On appelle XTL les carburants liquides fabriqués à partir du gaz naturel (GTL : *gas-to-liquids*) et du charbon (CTL : *coal-to-liquids*). Aux prix actuels du gaz et du charbon, et sans coût du CO_2, l'AIE évalue leur coût de production entre 60 et 100 dollars le baril [IEA, 2013].

Certes, le prix de marché du pétrole (brut) pourrait fluctuer autour de ce prix plafond, car les producteurs de brut conventionnel à bas coût y ont intérêt et, de plus, leur offre est sensible aux événements politiques. Quant à la hauteur du plafond, elle pourrait augmenter si les émissions de carbone étaient taxées. Grossièrement, on peut évaluer qu'une taxe de 50 dollars par tonne de CO_2 élève le coût de production du CTL de l'ordre de 40 dollars le baril et celui du GTL de l'ordre de 15-20 dollars le baril. En bref, nous avons désormais atteint des prix du carbone fossile, quelles qu'en soient les formes, qui ne devraient plus augmenter en tendance dans les prochaines décennies, celles précisément pendant lesquelles nous devons absolument lutter contre l'effet de serre.

Une conclusion s'impose donc. La « rareté croissante » des ressources épuisables de carbone fossile n'est qu'une illusion. Et la lutte contre l'effet de serre ne sera nullement facilitée par une hypothétique réduction « spontanée » de la consommation de carbone fossile qui résulterait d'une tendance « inévitablement croissante » de son prix. Non, rien ne peut nous éviter d'affronter cette réalité : la seule contrainte réelle est dans la capacité d'absorption et de traitement du CO_2 de la « poubelle » qu'est l'atmosphère en interaction avec l'océan. La contrainte ne vient pas des ressources épuisables de carbone.

Nous pouvons d'ailleurs généraliser. Nous n'avons pas de problèmes de ressources rares, nous n'avons que des problèmes de « poubelles » pleines. Les ressources naturelles sont en réalité très mal nommées. Les « épuisables » ne le sont pas à l'horizon de la décroissance démographique et du progrès technique qui nous attend. En revanche, nous « épuisons » nos ressources « renouvelables », à la fois localement, mais c'est plus facilement maîtrisable, et globalement : le climat et la biodiversité. Et ce que nous épuisons, ce sont leurs fonctions de recyclage de nos déchets. Rien, en conséquence, ne peut nous éviter d'avoir à en tirer les conséquences : si seule la « poubelle » est saturée et déborde, il faut donner un prix à son usage, du moins si on veut le maîtriser.

Le changement climatique

Puisque l'évolution « naturelle » du prix des combustibles fossiles vers le prix des substituts renouvelables, sous l'effet de leur raréfaction croissante, ne sera pas assez rapide pour éviter l'émission dans l'atmosphère de quantités excessives de gaz carbonique, il faut que les gouvernements se mêlent d'« internaliser » cette externalité négative de l'usage des combustibles fossiles, en donnant un prix aux émissions de CO_2.

Quel prix avec quelle évolution ? Et tout le monde doit-il payer le même prix ? Tels sont les deux enjeux des négociations sur le changement climatique. La première question exige un critère d'équité intergénérationnelle, la seconde question porte sur le partage de la charge de l'adaptation et suppose donc un critère d'équité intragénérationnelle.

Le critère d'équité intergénérationnelle a été adopté en 2009, lors de la conférence de Copenhague (XVe conférence des parties). Il fixe à 2 °C l'objectif d'augmentation maximum de température à la fin du siècle par rapport au niveau préindustriel. Pour ce faire, il faut stabiliser très rapidement — dans les dix ans qui viennent — les émissions annuelles de gaz à effet de serre, puis les diviser par un peu plus de la moitié, de 50 à 20 milliards de tonnes par an, en 2050, en passant à 35 en 2030, pour les réduire à zéro avant la fin du siècle.

Depuis la déclaration de Rio (1992), tous les pays de la planète sont loin des trajectoires qui conduiraient à ce résultat, il conviendrait donc de les infléchir vigoureusement. Un accord international bute cependant sur le critère d'équité intragénérationnelle, qu'il est indispensable de définir pour répartir cet effort entre les nations riches et les pauvres. La mise en œuvre des politiques résultant des accords de Kyoto (1997) ou nationalement décidées se heurte quant à elle à des conflits de répartition au sein des nations. C'est actuellement ce qui bloque la négociation internationale et les mises en œuvre des politiques nationales.

Conclusion

Nous espérons que le lecteur aura trouvé dans cet ouvrage les outils d'analyse des enjeux économiques, politiques et environnementaux des marchés de matières premières aujourd'hui. Ce livre ne peut prétendre à l'exhaustivité, chaque marché possédant en effet des caractéristiques propres qui mériteraient de plus amples développements. Il existe toutefois des traits et des enjeux communs que nous résumons en conclusion.

Ce sont d'abord des marchés « naturellement » instables. Offre et demande sont en effet très peu élastiques aux prix à court terme. Il faut du temps pour construire les usines qui permettront l'extraction de matières premières minérales, même lorsque les prix augmentent fortement. La demande de produits agricoles est difficilement compressible, même en cas de forte hausse des prix. Dès lors, un choc sur l'offre ou la demande se traduit par d'importantes fluctuations de prix. Les États ont longtemps cherché à se protéger contre cette instabilité — soit au niveau international, *via* des accords internationaux et des stocks permettant d'atténuer les « chocs » divers ; soit au niveau national, en découplant autant que possible les marchés domestiques du marché national. Ces multiples tentatives se sont révélées peu fructueuses. Pour ce qui est des prix des commodités minérales, il est aujourd'hui admis que seuls les producteurs, firmes privées ou d'État, peuvent en « maîtriser » les fluctuations, dans certaines structures de marché de type oligopolistique. Mais l'instabilité des commodités agricoles est politiquement et socialement plus coûteuse. Cependant, plutôt que de chercher à atténuer l'instabilité de ces marchés, on cherche désormais à se prémunir des incidences négatives de celle-ci. Une meilleure coordination internationale apparaît en ce domaine indispensable pour gérer au mieux les épisodes de flambée des prix et éviter les réflexes protectionnistes de certains pays qui peuvent exacerber les hausses.

Parmi les facteurs susceptibles d'aggraver cette instabilité, la « financiarisation » des marchés est souvent pointée du doigt. Mais d'autres analystes estiment à l'inverse qu'elle permet d'atténuer la volatilité. Le débat académique et de très nombreux tests économétriques ne permettent pas de conclure. La question reste donc ouverte, elle est pourtant fondamentale sur le plan théorique car elle renvoie à la manière dont peuvent être formalisées les anticipations des acteurs sur les marchés.

Les matières premières jouent un rôle essentiel dans les trajectoires de développement des pays. L'histoire nous montre que le secteur agricole et les ressources minières ont été déterminants pour l'industrialisation. La situation actuelle est sans doute plus contrastée. En effet, de nombreux pays pourtant richement dotés en ressources naturelles ont de faibles taux de croissance. C'est ce que l'on appelle la « malédiction des matières premières », qui certes n'est pas inéluctable, mais beaucoup de pays en développement ont bien du mal à sortir de cette trappe à pauvreté. « Bonne gouvernance » est le maître mot pour réinvestir les rentes dans le développement. Facile à préconiser, elle est toutefois plus difficile à mettre en œuvre.

Enfin, nous y avons insisté, le risque majeur n'est pas celui d'une pénurie ni même d'une rareté croissante des matières premières. Il est dans la capacité de notre environnement naturel à absorber les déchets et pollutions liés à leur exploitation ou leur consommation. Ainsi, sauf cas particulier, on ne peut attendre que la consommation des matières premières se réduise sous l'effet d'une hausse des prix liée à leur raréfaction croissante. Ceci est particulièrement vrai pour les énergies fossiles et la problématique climatique.

Enfin, au-delà des externalités négatives engendrées par l'exploitation ou la consommation de ces ressources, qu'il faut absolument « internaliser », il convient de se poser la question des ressources qu'on souhaite transmettre aux générations futures, tout particulièrement s'agissant des composantes non substituables du capital naturel, dont la perte ne saurait être compensée par l'augmentation d'autres types de capitaux. L'économie n'apporte pas de réponse à ce que serait la « juste » répartition des ressources entre génération actuelle et générations futures. C'est un choix collectif éthique qui doit résulter d'un processus de délibération politique.

Repères bibliographiques

BAIROCH P. [1997], *Victoires et déboires. Histoire économique et sociale du monde du XVIe siècle à nos jours*, Gallimard, « Folio Histoire », Paris.

BONTEMS P. et ROTILLON G. [2013], *L'Économie de l'environnement*, La Découverte, « Repères », Paris, 4e édition.

BOUSSARD J.-M., GÉRARD F. et PIKETTY M.-G. [2013], *Stabilisation des prix des céréales : avantages et coûts*, Centre d'études et de prospective du ministère de l'Agriculture, de l'Agroalimentaire et de la Forêt (MAAF), Paris.

BRAUDEL F. [1979], *Civilisation matérielle, économie et capitalisme, XVe-XVIIIe siècle*, Armand Colin, Paris.

CAMPBELL C. J. et LAHERRÈRE J. H. [1998], « The end of cheap oil », *Scientific American*, mars.

CHALMIN P. (dir.) [2013], *Cyclope. Les marchés mondiaux*, Economica, Paris.

CORDELL D. [2010], *The Story of Phosphorus. Sustainability Implications of Global Phosphorus Scarcity for Food Security*, PhD Dissertation, Linköping Studies in Arts and Science, n° 509, Linköping University, Linköping.

DASGUPTA P. S. et HEAL G. M. [1974], « The optimal depletion of exhaustible resources », *Resource of Economic Studies*, vol. 41, p. 1-28.

GIRAUD A. et BOY DE LA TOUR X. [1987], *Géopolitique du pétrole et du gaz*, Technip, Paris.

GIRAUD P.-N. [2009], *Le Commerce des promesses. Petit traité sur la finance moderne*, Seuil, « Points Économie », Paris.

— [2011], « A note on Hubbert's hypotheses and techniques », *Energy Bulletin*.

— [2014], « Ressources ou poubelles ? », *Le Débat*, vol. 5, n° 182.

GIRAUD P.-N. et LOYER D. [2008], « Pour une révolution doublement verte en Afrique », *in* JACQUET P. et TUBIANA L. (dir.), *Regards sur la Terre 2008*, Presses de Sciences Po, Paris.

GODARD O. [2015], *La Justice climatique mondiale*, La Découverte, « Repères », Paris.

GORDON H. S. [1954], « Economic theory of a common-property resource : the fishery », *The Journal of Political Economy*, vol. 62, n° 2, p. 124-142.

GUESNERIE R. et ROCHET J.-C. [1993], « (De)stabilizing speculation on futures markets : an alternative view point », *European Economic*

Review, vol. 37, nº 5, juin, p. 1043-1063.

HARDIN G. [1968], « The tragedy of commons », *Science*, vol. 162, p. 1243-1248.

HARTWICK J. [1977], « Intergenerational equity and the investing of rents from exhaustible resources », *American Economic Review*, vol. 67, p. 972-974.

HOTELLING H. [1931], « The economics of exhaustible resources », *The Journal of Political Economy*, vol. 39, nº 2, p. 137-175.

IEA [2013], *World Energy Outlook 2013*, Paris.

JEVONS W. S. [1865], *The Coal Question*, Macmillan & Co., Londres.

LEWIS W. A. [1954], « Economic development with unlimited supplies of labour », *Manchester School of Economic and Social Studies*, vol. 23.

MEADOWS D. H., MEADOWS D. L., RANDERS J., BEHRENS III W. W. [1972], *The Limits to Growth*, Universe Books, New York.

OLSON M. [1978], *Logique de l'action collective*, PUF, Paris.

OSTROM E. [1990], *Governing the Commons. The Evolution of Institutions for Collective Action*, Cambridge University Press, Cambridge.

PREBISCH R. [1950], *The Economic Development of Latin America and its Principal Problems*, United Nations, New York.

RIVELINE C. [2005], *Évaluations des coûts. Éléments d'une théorie de la gestion*, Presses de Mines ParisTech, Paris.

ROSTOW W. W. [1960], *The Stages of Economic Growth. A Non-Communist Manifesto*, Cambridge University Press, Cambridge.

ROTILLON G. [2010], *Économie des ressources naturelles*, La Découverte, « Repères », Paris, nouvelle édition.

SAY J.-B. [1828], *Cours complet d'économie politique pratique*, tome I, Rapilly, Paris.

SOLOW R. [1974], « Intergenerational equity and exhaustible resources », *Review of Economic Studies*, vol. 41, p. 29-45.

STERN N. [2006], *The Stern Review Report. The Economics of Climate Change*, HM Treasury, Londres.

STIGLITZ J. E. [1976], « Monopoly and the rate of extraction of exhaustible resources », *American Economic Review*, vol. 66, nº 4, p. 655-661.

YAKSIC A. et TILTON J. E. [2009], « Using the cumulative availability curve to assess the threat of depletion : the case of lithium », *Resources Policy*, vol. 34.

Table des matières

II Rareté des ressources et évolution de long terme des prix

III Dynamique des prix de marchés des commodités

Composition Facompo, Lisieux (Calvados).
Achevé d'imprimer en octobre 2015 sur les presses de La Nouvelle Imprimerie Laballery à Clamecy (Nièvre).
Dépôt légal : novembre 2015
N° de dossier : 510184

Imprimé en France